本书受以下项目资助，是其阶段性研究成果：国家社会科学基金青年项目“‘数字丝绸之路’推进中的合规风险及中国的应对研究”（项目编号：20CGJ027）；河北省高等学校人文社会科学研究青年项目“雄安新区创新驱动发展中的地方政府职能研究——基于创新生态系统的视角”（项目编号：SQ181099）。

本书还受2019年河北大学一流大学建设应用经济学项目出版资助，是河北大学东北亚研究院的研究成果。

当代日本经济九讲

马学礼　主编

河北大学出版社

·保定·

出 版 人：朱文富
责任编辑：李丽华
装帧设计：王占梅
责任校对：李　易
责任印制：常　凯

图书在版编目（CIP）数据

当代日本经济九讲 / 马学礼主编. -- 保定：河北大学出版社，2022.10
ISBN 978-7-5666-2085-9

Ⅰ. ①当… Ⅱ. ①马… Ⅲ. ①经济发展－研究－日本－现代 Ⅳ. ①F131.34

中国版本图书馆CIP数据核字(2022)第202841号

出版发行：河北大学出版社
地址：河北省保定市七一东路2666号　邮编：071000
电话：0312-5073003　0312-5073029
网址：www.hbdxcbs.com
邮箱：hbdxcbs818@163.com
经　　销：全国新华书店
印　　刷：河北纪元数字印刷有限公司
幅面尺寸：170 mm × 240 mm
字　　数：170 千字
印　　张：14.875
版　　次：2022 年 10 月第 1 版
印　　次：2022 年 10 月第 1 次印刷
书　　号：ISBN 978-7-5666-2085-9
定　　价：40.00 元

前　　言

第二次世界大战结束以后，日本迅速成长为世界主要经济强国，20 世纪 70 年代的两次石油危机使西方国家普遍遭受严重的经济打击，日本却能够成功克服石油危机的影响，并且在 20 世纪 80 年代中期进入“鼎盛时期”。一时间，日本经济的体制、经营方式和发展模式开始受到世界的广泛关注，成为经济赶超国家的典范，受到后发展国家的追捧。日本在泡沫经济崩溃后进入长期萧条时期，特别是在“失去的十年”“失去的二十年”“失去的三十年”等舆论下，其经济的体制、经营方式和发展模式再次成为国际社会反思和探讨的焦点。我国国内研究日本经济的专著很多，几乎涵盖了日本经济的所有领域，但是述及日本经济前沿动态的教材相对较少，本书权作一种尝试。

本书的写作目的在于刻画第二次世界大战结束以来，特别是 20 世纪 90 年代初泡沫经济破灭以来，日本经济发展的基本脉络，使读者清晰、全面、客观地了解日本经济，并且为我国经济发展提供有益借鉴。本书在内容设计上既考虑日本经济自身的体系，以及对日本经济具有重要影响的方面，同时又考虑对我国经济发展具有现实借鉴意义的内容。与此同时，作为一本教材，本书兼顾普及性与学术性，既注重对日本经济发展基本历程、制度架构和主要事件等基础知识的介绍，又注重对日本经济发展深层次问题和结构性矛盾等学术问题的探讨。当然，由于篇幅有限，以及相关课程的教学课时限制，本书在内容上不得不有所取舍，因此不求面面俱到，力求突出重点与前沿。

基于此，本书由 9 章组成，每章都是 1 个专题。之所以分为 9 章，是因为相关研究生课程（“日本经济专题”）的授课周数为 9 周。这 9 章内容大致可以分为两部分。第一部分是前 6 章，重点介绍日本经济的国内部分，包括经济增长、经济体制、财政与金融制度、产业结构与技术创新、经济社会数字化转型、人口问题等；第二部分是后 3 章，重点介绍日本经济的对外部分，包括对外经济关系概述、区域经济合作战略、海外基础设施建设等。具体来看，第一章对第二次世界大战结束后的日本经济增长历程进行总体分析，并且利用增长核算方法对日本经济增长的各贡献要素及其贡献度进行分析；第二章对日本经济体制的形成、构成和特点进行分析，介绍国内外学术界对日本经济体制的研究思潮，梳理 20 世纪 90 年代泡沫经济崩溃后日本的经济体制改革；第三章系统介绍日本的财政制度和金融体系，同时深入分析日本在财政方面的税制改革和在金融方面的金融监管改革；第四章介绍日本的产业结构变迁和技术创新，除了概述日本产业结构演变的历史和“科技立国”战略外，还深入研究日本的“国家创新体系”模式及创新生态系统建设；第五章介绍日本的数字化转型，以“IT 立国”战略、“社会 5.0”建设和制造业数字化转型为核心内容；第六章通过对日本少子老龄化问题的介绍，探索日本经济的结构性矛盾，重点讨论人口老龄化对日本经济潜在产出的影响；第七章概述日本对外经济关系的三大支柱，即对外贸易、对外直接投资和对外援助，分别介绍它们的发展历程、特点和现状等内容；第八章介绍日本的区域经济合作战略，将日本参与区域经济合作的进程分为"'10+1'阶段""TPP/CPTPP阶段"和"全面拓展阶段"，并且分析新冠疫情冲击下的中日经贸合作问题；第九章梳理日本海外基建扩张战略的演变历程和主要特点，并且根据日本政府公布的《基础设施系统海外扩张战略2025》介绍该战略的最新进展。

参与本书编写的作者既有长期从事日本经济研究的专业人员，也有对日本经济某一领域有较深入研究的青年学者，本书分工情况如下：

第一章，马学礼；第二章，马学礼；第三章，吴宇、尹凤宝；第四章，刘伟岩、李丹琳、张晓兰；第五章，马学礼；第六章，刘华伟、赵腾腾、马学礼；第七章，李巧莎、逯洋；第八章，马学礼；第九章，马学礼、刘娟。马学礼负责本书的总体构思和章节设计，并且负责统稿和协调工作。

由于编者水平有限，书中难免错漏之处，承请同行和各界读者批评指正。本书在写作过程中得到了河北大学经济学院日本研究所裴桂芬教授、马文秀教授和吉林大学东北亚研究院世界经济研究所陈志恒教授的大力支持，提出了许多宝贵意见；书稿完成后，河北大学出版社的编辑老师在编校等方面付出了辛勤劳动，在此一并表示感谢。

目　　录

第一章　战后日本经济增长

第二次世界大战结束后，在“冷战”这个特殊的国际环境中，日本充分利用世界科技革命成果和自身的“后发优势”，不仅在短时间内实现了经济崛起，而且创造了长期高速增长的经济奇迹；其后虽然经历了两次石油危机，但在20世纪80年代仍创造了新的经济辉煌。20世纪80年代后半期，日本的泡沫经济逐渐形成和膨胀起来，1991年泡沫经济突然崩溃，随后日本经济陷入了长期萧条。在长期萧条过程中，日本政府开始缓慢地推进结构改革。自泡沫经济崩溃后，日本经济虽然也有一段时期表现不俗，但整体上始终处于长期停滞和动荡调整的状态。

第一节　战后日本经济增长的历史轨迹

第二次世界大战后，日本经济获得了空前的高速增长，但在发展过程中也经历了繁荣与衰退相互交替的多个阶段。

一、战后恢复阶段（1946—1955年）

日本军国主义发动的侵略战争不仅给中国人民和亚洲邻国带来

了深重灾难，而且给日本人民带来了深重苦难，同时将数十年的经济发展成果毁灭殆尽。战败投降后，日本国内经济、政治均陷于极度混乱的状态。由于旧的战时经济体制已告废，新的经济体制又未能建立，生产停顿，失业剧增，生活必需品缺乏供应，人民生活极端困苦，故有的历史学家称这一时期日本经济的特点是“混乱与虚脱”。

战后日本经济面临的严峻局面：一是日本本土遭到大范围空袭，生产设备、建筑物遭到毁灭性破坏，生产能力锐减；二是在战争期间，为了战争的需要，产业结构变为军需型结构，生产军用物资的工厂很难在短时间内实现转型；三是日本国内的交通、通信、流通及金融等与生产相关的社会基础设施遭到严重破坏，导致生产能力大幅度下降；四是由于粮食和物资匮乏，出现了极其严重的通货膨胀。

日本经济面临的诸多严重问题可以归结为供给能力不足，特别是原料、煤炭和电力的不足。那么，解决生产不振的突破口在哪里呢？1947—1948 年，日本政府采纳了日本著名马克思主义经济学家有泽广巳的建议，推行“倾斜生产方式”，把政府政策的中心放在煤炭的增产上，实行“煤炭优先”的超重点主义。为了实行“倾斜生产方式”，日本政府采取了一系列政策措施：一是在贷款方面的优待。1947 年 1 月，日本政府设立了“复兴金融金库”（由政府出资），同年 3 月又制定了《产业资金贷放优先表》，给重点产业部门提供低息贷款，重中之重就是煤炭业。从贷出总额看，1947 年占 35%，1948 年占 38%，到 1948 年“复兴金融金库”停止活动时，煤炭设备资金的净借入额的 98%均来自“复兴金融金库”。二是大量增加价格补贴金。1946 年共发放价格调整补贴金 90.1 亿日元，其中煤炭业占71.9%；1947年煤炭业共获得的价格补贴金占总额的44%，居各产业之首。这些补贴金是为了使煤炭生产者获得一定的实际利润，从而实现扩大再生产。三是在生产资料供应方面对煤炭业提供优待，如钢铁、水泥等其他部门只能分配到最低需要的20%—30%，而煤炭业却可以分配到所需的80%—90%。四是在生活方面优待煤炭工人，包括继续提高工资、特殊配给粮食及物资、促进煤炭工人的住宅建设。在一系列政策措施的作用下，日本煤炭产量迅速增加，1947年度煤炭产量为2934万吨，占计划数字的98%，1948年度增长至3479万吨；与此同时，由于煤炭业的发展，又带来其他部门的增长，实现了"煤炭配额增加→基础物资增加→生产资料增加→消费资料增加"这种生产扩大的波及效果，整个工矿业生产开始进入良性循环。①

但是，大量的价格补贴和巨额低息贷款加剧了已经存在的恶性通货膨胀，出现了"狂乱物价时期"。为了克服通过膨胀，美国政府于1948年底提出了稳定日本经济的9条方针，并且开始根据"道奇路线"对日本经济进行整顿，包括废止"复兴金融金库"的融资制度、编制紧缩预算等，使通货膨胀暂时得到了控制。紧缩的财政和金融政策使生产萎缩，失业率增加，日本经济再一次陷入危机。此时，朝鲜战争爆发，美国将日本作为朝鲜战争的补给基地，向日本发出大量"特需"订单，从日本大量采购战争物资。朝鲜战争"特需"订单使日本经济特别是工矿业生产重新活跃起来，带来了空前的"特需景气"。

朝鲜战争停战后，虽然"特需"停止，但日本经济此时已经度

---

① 孙执中：《荣衰论——战后日本经济史（1945—2004）》，21—25页，北京，人民出版社，2006。

过了最困难的时期，企业得以依靠其资本积累扩大设备投资，城乡居民收入提高使对耐用消费品的需求不断增大，刺激了生产的发展，很快出现了“投资—消费景气”。1952 年，日本实际国民生产总值恢复到战前（1936 年）水平；1953 年，日本人均消费水平及其他主要经济指标全面恢复或超过战前水平，战后恢复阶段得以结束[①]。

二、高速增长阶段（1956—1973 年）

1956 年之后，日本进入经济高速增长时期[②]。但是，日本经济高速增长时期的界定有两种不同的分法：第一种分法是界定在 1956—1973 年，另一种分法是界定在 1956—1970 年。经过比较分析，本书采用了第一种分法，原因在于 1972 年田中内阁上台，以“改造日本列岛”为旗帜，扩大财政预算，导致设备投资迅速增加，景气上升步伐明显加快；而 1973 年 10 月第四次中东战争爆发，石油危机随之而来，1973 年 12 月原油价格暴涨，1974 年 2 月日本国内物价暴涨，同时出现了战后的首次负增长，故而选择 1973 年为高速增长期结束年份较为合理。

如果说在战后恢复时期，日本的经济增长是以出口（“特需”）为主导，那么在高速增长时期，日本经济则是以投资为主导。当时，日本无论是在生产方面还是在消费方面，都是以美国为样板，为此所需的技术也无须自己从头开发，只要把美国等西方发达国家的先进技术引进来，通过模仿、消化与改良，就能迅速使之产业化、产品化。由于竞相引进技术而导致了设备投资的迅速增长，出现了

---

① 张季风：《日本经济概论》，8 页，北京，中国社会科学出版社，2009。

② 1956 年，日本政府发表的《经济白皮书》宣称：“现在已不是战后了……恢复阶段已经结束，今后高速增长的原动力，关键是旨在促进技术革新的现代化投资。”这句话被认为是日本进入高速增长时代的“宣言”，也预示了高速增长时期日本经济增长的特点。

“投资呼唤投资”的热潮，崛起了一大批新兴产业。1960年，池田内阁提出“国民收入倍增计划”，有力地刺激了民间投资，而且促使生产设备日益大型化，由此进入“大量生产”时代；而与“大量生产”形成相互促进关系的是“大量消费”，特别是“家庭电器热”成为高速增长时期国民消费的一大特征：20世纪50年代，黑白电视、洗衣机、冰箱得到普及；到了60年代，彩电、空调、小轿车成为新的国民消费需求中心。①

通过技术引进和革新提高生产力，是日本经济高速增长的重要原因。日本是从1950年开始从外国引进技术的，其重点起初放在重化学工业上，后来转到电子工业、飞机和“知识密集型”工业。日本在引进国外先进技术的同时，还积极培养本国的技术力量。因此，有些部门的科研工作是围绕着引进技术和设备来进行的，如钢铁工业在1957—1961年平均每引进1日元的新技术，国内要支付2—3日元的科研费用。②

总之，高速增长时代使日本国民经济中蕴藏的“能量”得以释放，日本不仅摆脱了物质生活的贫困，而且基本实现了完全雇佣。

三、稳定增长阶段（1974—1985年）

20世纪70年代中期，日本经济开始了明显的“增速换挡”，1974年实际增长率下降到－0.4%，为战后第一次出现的负增长。1973年10月爆发的第四次中东战争沉重打击了对中东石油高度依赖的日本经济，日本国内投机盛行，物价暴涨，甚至出现了抢购现象。为此，日本政府采取了强有力的金融紧缩政策，却导致经济增

① 冯昭奎：《日本经济》，40—41页，北京，高等教育出版社，1998。

② 孙执中：《荣衰论——战后日本经济史（1945—2004）》，44—45页，北京，人民出版社，2006。

长明显减速。从1973年12月开始，日本同其他资本主义国家一起，几乎同时陷入了新的生产过剩危机之中。这次危机是日本战后以来最严重的一次，表现为商品滞销、生产缩减、企业倒闭、私人投资减少、失业严重。1975年2月，日本经济陷入谷底。从3月开始走出危机，工业生产有所回升，但上升势头一直很弱，一直到1977年，工业生产始终没有达到危机发生前的最高点，从而陷入了战后历次危机中最长的萧条阶段。① 在这种情况下，日本政府于1975年春解除了金融紧缩，又于1977年底采用了财政刺激政策，同时推进产业结构高度化。

1978年，日本政府为了促进结构性萧条部门转向有销路的附加值高的产业部门，制定出台了《特定萧条产业安定临时措施法》（简称"特安法"）等四部法律。"特安法"明确规定平电炉炼钢业、炼铝、合成纤维、造船、化肥等14种产业为萧条产业。这些产业有四种类型：一是需求锐减型。二是国际竞争力丧失型。三是发展中国家追赶型。四是竞争过度型。"特安法"的政策措施有三条：第一条，制定法律，确定设备报废量和报废日期。第二条，对萧条产业提供优惠贷款，帮助这些产业安置工人和转产。第三条，允许组织"萧条卡特尔"，特定商品生产者可以缔结有关限制产量和销售量的垄断组织。"特安法"促使了日本产业结构从劳动与资本密集型向技术、知识密集型转变。② 此外，随着日本经济、科技水平日益赶上欧美，日本政府越来越感到必须加强自主的技术研究与开发，遂于1980年正式提出了"技术立国"战略，随后采取各种政策措施推动"产官学"各界的科技合作与交流。

---

① 孙执中：《荣衰论——战后日本经济史（1945—2004）》，135页，北京，人民出版社，2006。
② 孙执中：《荣衰论——战后日本经济史（1945—2004）》，138页，北京，人民出版社，2006。

日本企业为了改善经营恶化的处境，大都采取了“减量经营”的措施，根据当时的官方调查，98.2%的制造企业和96.3%的非制造企业都实行了“减量经营”。“减量经营”是指减少利息负担，降低商品库存率，减少雇佣工人，抑制新的生产能力扩大等。其具体内容：一是归还借款，提高企业的自有资本率，企业借款占营业款比率在1978年比1965—1973年平均减少6.6%，制造业企业自有资本率在1975年末为19.4%，在1978年末为19.2%，在1985年末为27.1%。二是减少雇佣，起先是解雇临时工或使长期工人“一时归休”（临时下岗），接着是妇女自动离职者不再补充新人，最后是减少以男子为中心的骨干劳动力，雇佣减少率在1973—1975年度为1.51%，在1975—1977年度为6.33%，在1977—1979年度为5.99%。三是抑制企业规模，这一时期日本企业投资很少用于量的外延扩张，主要是用在企业内部的技术改造和固定资产更新。[①]

由于日本政府和企业在第一次石油危机后采取了大量措施，整个日本经济的产业结构得到优化，企业素质大大提高，从而增强了对外部冲击的抵抗力；到第二次石油危机时，尽管油价上涨，在发达国家中受打击最大的日本经济却恢复得最快，民间企业也顽强地恢复了活力。[②] 此后，日本产品的国际竞争力更加强劲，特别是汽车、家用电器等耐用消费品由于节能而广受欢迎。从1983年起，日本国际贸易顺差骤增，到1985年已经成为世界最大债权国。

可以说，到20世纪80年代中期，日本经济达到“鼎盛时期”。然而，由于贸易不平衡加剧，日本与各国的贸易摩擦接连不断，特

① 孙执中：《荣衰论——战后日本经济史（1945—2004）》，133—136页，北京，人民出版社，2006。

② 有些学者认为，战后日本经济有两个奇迹：一个是20世纪60年代的高速增长，另一个是顺利度过第二次石油危机。

别是日美贸易摩擦日趋激化。1985 年，西方五国达成“广场协议”，此后日元大幅度升值，在 1985 年 9 月至 1988 年 11 月的 3 年多的时间里，日元汇率从 1 美元兑换 230 日元上升到 1 美元兑换 121 日元。[①]

四、泡沫经济阶段（1986—1991 年）

20 世纪 80 年代后半期，为缓解 1985 年“广场协议”带来的日元升值压力，日本银行采取了宽松货币政策，带动了经济增长，进而提升了对日本经济的预期，反映在资本市场上就是股票价格和房地产价格的飙升[②]。以此为标志，日本经济进入严重的泡沫状态。当时日本经济繁荣背后的异常并没有引起国际社会的警觉，虽然有学者敲过警钟，时任日本银行副行长的三重野康也有“坐在干柴上的感觉”，但正像格林斯潘所说的那样，“泡沫只有在破灭后，才知道它是泡沫”。

从推动因素来看，日本泡沫经济是多方面因素共同作用的结果。根据张季风等的总结，日本泡沫经济膨胀的主要背景和原因有以下四个方面[③]：

第一，金融自由化促使资产价格迅速上涨，金融机构推波助澜。战后，日本政府对金融业采取了种种限制措施，资产价格长期受到抑制；20 世纪 70 年代后期，日本政府开始实行金融自由化，对货

---

① 冯昭奎：《日本经济》，45 页，北京，高等教育出版社，1998。

② 20 世纪 80 年代中后期，日本股票和房地产市场异常火爆，日经平均股指由 12977 点（1985 年 12 月）上涨到 38130 点（1989 年 12 月）；大体在同一时期，全国商业用地平均价格累计涨 67.4%，其中三大城市圈平均地价累计涨幅近 1.2 倍。

③ 张季风：《日本经济概论》，33—37 页，北京，中国社会科学出版社，2009。

币市场的限制大幅度放宽，促进了资本市场的发展。[①] 金融自由化后，日本企业在资本市场的资金筹措变得容易，导致商业银行以前稳定的固定收益逐渐消失。为了提高收益，商业银行开始将贷款转向风险较高的房地产领域，银行及非银行金融机构对不动产部门的贷款增加。居民部门也存在信用扩张，参与到股市中，拉动股价上涨；与此同时，在暴利驱使下，人们将大量资金投入到房地产，在升值预期下，房地产泡沫越吹越大。

第二，日元持续升值与流动性过剩推动了资产市场的繁荣。作为日元大幅度升值的一个后果，物价水平明显偏低，日本银行因此没有采取货币紧缩政策。以股价为例，日元大幅度升值后，日本央行为了避免由于日元更大幅度的升值可能导致的经济衰退，不断降低政策性利率；利率的下降使流动性更加充足，从而导致股市上涨；较低的利率水平及充足的货币供给为股市提供了上涨动力，并且推动了投机热潮的高涨。总之，大量过剩资本并没有流向技术创新和实体经济，而是集中流向股市、房地产市场，引起股价、地价暴涨。

第三，“土地神话”支撑不动产投机。由于战后经济高速增长，对土地需求持续增加，使地价持续上升，形成了土地增值“神话”；持续采取扩大内需的政策，特别是大量增加公共投资，增强了地价上升预期。于是，大量剩余资本涌向不动产投机。[②] 在国内资金大量过剩的背景下，日本企业纷纷向海外进军，特别是加速了对美国的投资，重点领域是商业、金融、保险等服务领域。日本投资者在美国各地以高价购买土地、银行、办公楼、商业中心、高尔夫球场及

① 例如，1977 年日本央行放松对银行持有国债的管制，1978 年实现了短期拆借市场利率、票据利率的自由化，1979 年解除了对资本市场的控制，1983 年日本金融制度调查会决定开始渐进地实现利率自由化。

② 1986—1990 年，日本全国住宅用地平均价格累计升幅近 60%，其中东京地区近乎翻了 1 倍。

电影制片厂等。此时，日本全国都充满了骄傲狂躁之气，形成了一股强大的投机风潮。

第四，宏观调控政策失误。在货币政策方面，日本银行为了防止因日元升值导致经济萧条而采取了宽松的货币政策，从1986年1月起连续5次降息，货币供应量持续扩大。在财政方面，日本实行了过度扩张的财政政策，从1986年起大幅度扩大公共投资规模，但是没有对大量过剩资本的流向进行合理引导，致使泡沫经济继续膨胀。

1991年夏，以政府实施紧缩政策为转折点，日本泡沫经济崩溃。当意识到泡沫经济严重时，日本政府采取了“急刹车”的政策：在货币政策上，从1989年5月开始5次大幅度提高公定利率，并且日本银行从1990年4月到1991年末实施严格的窗口管制；在财政政策上，日本于1991年制定“地价税”①，从而彻底打击了土地投机。泡沫经济崩溃最直接的影响是资产价格缩水，1992年8月日本股市降至14300点，仅为高峰期的40%；地价则一直走低，直到2005年以后才开始有所恢复；由于股市和地价等资产价格的缩水，1990—1997年，日本缩水资产累计损失高达1300万亿日元。② 资产价格缩水进一步导致了巨额不良债权的出现，致使大批银行倒闭，并且引发了一系列严重的社会问题（包括投资信心崩溃、市场低迷、大批企业倒闭、失业率持续攀升和财政赤字扩大等），日本经济步入长期萧条时期。

五、长期萧条阶段（1992—2001年）

泡沫经济崩溃引发了长达10年的经济萧条，被称为“失去的十

① “地价税”规定，从1992年起，不管地价涨跌，凡持有土地者必须向国库缴纳土地持有税。

② 孙执中：《荣衰论——战后日本经济史（1945—2004）》，228页，北京，人民出版社，2006。

年”。这次长期萧条的主要特征是金融危机、高失业率、企业“三过剩”和消费不足[①]。

第一，金融危机。巨额不良债权引发大规模金融机构倒闭和金融危机，进而引发实体经济危机。到2001年度，日本全国银行不良债权总额高达432万亿日元，不良债权率超过10%。由于巨额不良债权的存在，金融机构资本充足率不足，加之政府推行金融体制改革，迫使金融机构不得不缩小放贷数额；企业因资金短缺而缩小设备投资，减少生产，甚至大量破产，进而使金融机构不良债权进一步增加，由此形成恶性循环。

第二，高失业率。金融危机引发实体经济危机，导致制造业的中小企业大量破产，大企业也不得不大量裁员，失业率开始明显上升，1995年突破3%，1998年突破4%，2002年更达到5.4%。高失业率导致居民收入减少，个人消费减少，进而引起企业生产减少，效益降低，甚至倒闭，又进一步加重了经济萧条。

第三，企业的“三过剩”。“三过剩”指的是人员过剩、设备过剩和债务过剩。泡沫经济时期，企业因为过分自信日本经济繁荣将会长期持续下去，因而利用金融宽松条件争相购置设备、修建厂房和雇用员工。1988—1990年，日本企业设备投资增长率分别为14.8%、16.6%和12.4%，这三年的资本形成额在国民生产总值中的比率分别为18%、20%和21.7%，甚至高于20世纪60年代高速增长期的资本形成率。[②] 由于泡沫的崩溃，借款难以偿还，导致企业债务剧增，而经济萧条又使设备、厂房闲置和人员过剩。

第四，消费不足。在泡沫经济膨胀期，日本经济受虚假繁荣的

---

① 张季风：《日本经济概论》，42—45页，北京，中国社会科学出版社，2009。

② 孙执中：《荣衰论——战后日本经济史（1945—2004）》，209—210页，北京，人民出版社，2006。

影响，企业设备投资过度增加，个人消费支出大幅增加；泡沫经济崩溃后，由于股票、土地等资产价格大幅度下降，日本居民的个人消费开始呈下降趋势，企业设备过剩使民间设备投资也大幅度下降，导致企业生产的减少，进而引起员工收入的减少，其结果使消费进一步减少。

六、经济复苏阶段（2002—2007 年）

2002 年下半年以后，日本经济缓慢爬出谷底，该年度摆脱了负增长。此后由于出口扩大、设备投资增加、个人收入和消费增加等积极因素，日本经济开始复苏。2005 年，日本基本解决了企业“三过剩”问题，2003—2006 年度保持年均 2%以上的增长，各项主要经济指标都趋于好转。①

根据张季风等的研究，此阶段日本经济复苏具有 8 个特点：非凯恩斯主义复苏、金融秩序趋于稳定、股市和地价回升、“三过剩”得到彻底解决、通胀得到缓解、企业效益上升、出口和国际收支持续扩大、失业压力减轻。从推动力量来看，日本经济复苏主要得益于以下三个方面②：

第一，景气循环的作用。自从泡沫经济崩溃后，日本已经历了长达 10 年的经济萧条，从景气循环的角度来看，战后日本第 12 次景气循环的谷底出现在 1999 年 4 月，此后进入 2000 年的景气扩张期，2002 年以后进入高涨期。也就是说，在经济周期的作用下，日本应当进入新一轮的“高涨期”。

第二，设备投资的扩大。设备投资一直是日本经济增长的主要

---

① 张季风：《日本经济概论》，48 页，北京，中国社会科学出版社，2009。
② 张季风：《日本经济概论》，49—58 页，北京，中国社会科学出版社，2009。

动力，这一时期除了出口扩大、企业效益回升和消费扩大之外，日本设备投资规模扩大，固定资产更新的速度也明显加快。生产设备经过一定时期的磨损，自然变得陈旧，整个 20 世纪 90 年代，日本的设备投资都处于零增长，早就应当进入设备投资的扩张期。

第三，良好的国际经济环境，特别是中国经济的强劲拉动。2002—2007 年，全球经济整体上运行良好，国际市场上的需求比较旺盛，中国在加入 WTO 之后，为日本提供了巨大的发展机遇。扩大出口和建立海外生产基地对日本经济至关重要，中国正是在出口市场和直接投资目的地两方面拉动了日本经济的复苏和增长。

七、动荡调整阶段（2008 年至今）

2007 年美国发生次贷危机，2008 年演变成全球金融危机。此后全球市场萎缩，美联储实行量化宽松的货币政策导致国际大宗商品市场剧烈波动，贸易保护主义抬头；2011 年，日本发生了“3·11 东日本大地震”，这些都使日本经济遭受重大打击。2012 年，安倍晋三再次上台，日本政坛稍显稳定。面临着国内外形势的严峻考验，安倍内阁采取了超常规的经济刺激政策和一系列改革措施，这些政策措施被统称为“安倍经济学”。

具体来看，安倍内阁出台并实施了一系列政策试图摆脱长期通缩、增长乏力的经济形势，并且把最主要的宏观经济刺激政策推向了极端。安倍经济学大致可以分为两个阶段，即“旧三支箭”和“新三支箭”。“旧三支箭”的本质是“超常规的刺激政策”，其目标是以超常的财政刺激政策和激进的货币刺激政策摆脱通货紧缩的困扰，最终实现 2%的通货膨胀目标。“新三支箭”的本质是结构性改革，以 2014 年 6 月《日本再兴战略（修订版）》出台为标志，其目标是解决日本经济深层次的结构性矛盾，为今后的持久增长奠定基础。

在财政政策方面，2013 年 1 月，安倍内阁宣布以“15 个月预算”形式全面推行财政刺激政策。[①] 首先以 10 万亿日元作为 2012 年度的补充预算，进而在 2013 年度财政预算中确定了 92.61 万亿日元的支出总额；2014 财年预算高达 95.88 万亿日元，并且追加了 3.11 万亿日元补充预算，这体现了安倍内阁通过扩大公共投资刺激经济增长的决心。此后，安倍不断推高财政预算总额，屡创历史新高。此外，安倍内阁还在实质上废除了前任政府的财政整顿计划，以消除积极财政政策的国内制度障碍，并且推出“国土强韧化”等大型公共投资项目。

表 1-1　2012—2014 年日本的财政预算与补充预算

年份	预算总额（亿日元）	补充预算（亿日元）
2012	903339	102027
2013	926115	54654
2014	958823	31180

备注：仅指一般会计，不包括特别会计。

数据来源：日本财务省。

在货币政策方面，为摆脱通货紧缩，安倍政府强势要求日本央行（即日本银行，BOJ）配合发钞，效法欧盟和美国在金融危机发生后实施的“量化宽松”政策，并且启用激进的黑田东彦任央行总

① 所谓“15 个月预算”就是 2012 年财年剩余三个月的补充预算案和制定 2013 年度的财政预算案，这样做能使二者实现“无缝对接”。

裁。黑田上任伊始，日本银行便破天荒地一次性购买了超过1万亿日元的长期国债，之后日本央行更是以每年60万—70万亿日元的规模不断扩大基础货币。2014年底，日本央行推出了第二轮货币刺激政策，把每年的基础货币投放规模增加80万亿日元。

"旧三支箭"的首要政策目标是摆脱通货紧缩，增加就业和投资，最终为重振日本经济奠定基础。但从通胀率、工资就业和经济增长率等主要宏观经济指标来看，日本经济并无太大起色，而"旧三支箭"最大的"功绩"就是制造了日本股市的疯狂上涨，吹大了资产泡沫。因此，"旧三支箭"并未使日本摆脱长期低迷状态，超大规模财政和货币刺激政策没能重塑日本经济增长的内生动力。

2014年之后，日本政府推出"新三支箭"，目的是打造"一亿总活跃社会"。"新三支箭"的第一支是孕育希望的强大经济，第二支是构筑梦想的育儿支援，第三支是带来安心的社会保障。具体来说，强大的经济，其目标是让GDP从2014年的490万亿日元增至600万亿日元。在育儿支援方面，对养育孩子的家庭给予更多支持，将生育率由2013年的1.43提高至1.8；通过对三代同住和多孩家庭的重点支援等，不断打造适合育儿的社会。在社会保障方面，完善社会保障制度，实现"护理人员零离职率"。但是，结构性改革非短期内能完成的，直到安倍辞任首相，"新三支箭"也没能实现政策出台之初的承诺。①

2016年以来，国际政治经济形势巨变，西方发达国家纷纷出台或明或暗的贸易保护主义政策，加强贸易和投资管制，"逆全球化"思潮汹涌，由此导致国际经济环境骤变，这给予严重依赖世界市场的日本经济重大挑战。2020年暴发的新冠疫情再次打击了世界经

---

① 关于"安倍经济学"结构性改革的内容，本书第二章将详细介绍。

济，作为超级非传统安全事件，新冠疫情使各国民众、政府和企业的安全焦虑呈几何级数增长，其对世界经济的冲击在于改变了经济全球化的底层逻辑，日本经济面临的形势愈发严峻。

第二节　战后日本经济增长历史的核算

一般认为经济增长是由资本、技术、土地、劳动力等多种要素共同决定的。历史增长核算法主要适用于对中长期实际 GDP 及其贡献要素的发展变化的分析，通过该方法可以清楚地将历史上的经济增长分解为不同的要素，并且计算出各要素的贡献度及其变化趋势。

一、历史增长核算法简介

从宏观经济学的角度出发，现代增长理论认为经济增长通常可以被分解成一些贡献要素，建立了增长核算方法。20 世纪 60 年代以后，一些学者开始利用此方法分析一些工业化国家经济增长的贡献要素。日本学者南亮进在《经济发展的转折点：日本的经验》中，基于刘易斯“二元结构理论”对日本劳动力市场的变化及其对日本经济转折点的影响进行了深入的考察，提出了判断经济通过转折点的 5 个标准，并且结合日本经验详细讨论了这些标准的适用性。Maddaloni 等认为在更为一般的意义上，实际 GDP 可以被分解为三个要素的共同作用，即劳动生产率、劳动力利用效率和人口因素，如下所示：

$$Y=\frac{Y}{H}\cdot\frac{H}{P_{WA}}\cdot P_{WA}=LP\cdot LU\cdot DF$$

其中，Y（real output）表示实际 GDP，H（total hours worked）表

示总劳动时间，P_{WA}（working age population）表示劳动年龄人口；LP（labour productivity）代表劳动生产率，用每单位劳动时间创造的实际 GDP 表示（计算公式为 Y/H）；LU（labour utilisation）代表劳动力利用效率，用每个劳动年龄人口的劳动时间表示（计算公式为 H/P_{WA}）；DF（demographic factors）代表人口因素，用劳动年龄人口数量表示。注意上述公式的每一个要素都可以二次分解为其他要素，如劳动力利用率可以表示为平均工作时间、失业率和劳动参与率的一个函数，本书不再详细展开。

对上述公式两边取对数，并且对时间求导，可得

$$g_Y = g_{LP} + g_{LU} + g_{DF}$$

其中，g_Y 代表实际 GDP 增长率，g_{LP} 代表劳动生产率增长率，g_{LU} 代表劳动力利用效率增长率，g_{DF} 代表劳动年龄人口增长率；g_{LP}、g_{LU} 和 g_{DF} 分别除以 g_Y 就得到了各贡献要素的贡献度。

这两个公式意味着在中长期内，一国或地区的实际 GDP 等于劳动生产率、劳动力利用效率和劳动年龄人口数量三者之积；相应的，实际 GDP 增长率等于劳动生产率增长率、劳动力利用效率增长率与劳动年龄人口增长率三者之和。

考虑到数据的可获得性，本书用就业人口数（用 E 表示）代替总劳动时间。相应的，劳动生产率可以表示为实际 GDP 除以就业人口数，其含义是每个就业者所创造的实际 GDP；劳动力利用效率可以表示为就业人口数除以劳动年龄人口数，其含义是劳动年龄人口中参加就业的比重，于是得到下述公式：

$$Y = \frac{Y}{E} \cdot \frac{E}{P_{WA}} \cdot P_{WA}$$

二、各要素对日本经济增长的贡献

本书运用历史增长核算法，对 1955—2009 年日本经济增长的各

贡献要素进行分解。为分析方便并得到规律性认识，本书将日本经济增长的各个阶段进行合并，整合为 1955—1973 年、1974—1991 年和 1992—2009 年三个阶段。2009 年之后，日本经济增长受全球金融危机、“安倍经济学”、国际环境变化和新冠疫情等因素影响较大，故不作分析。

（一）各要素的变化模式

首先，分析日本 1955—2009 年劳动生产率的变化情况。1955—2009 年，日本从每个就业者创造 127.8 万日元增加到 750.6 万日元，年均增长率 3.33%。分阶段看，第一阶段（1955—1973 年），日本从每个就业者创造 127.802 万日元增加到 431.018 万日元，年均增长率 4.44%；第二阶段（1974—1991 年），日本从每个就业者创造 423.018 万日元增加到 702.275 万日元，年均增长率下降至 3.03%；第三阶段（1992—2009 年），日本从每个就业者创造 702.78 万日元增加到 750.61 万日元，年均增长率下降至 0.37%。2001 年以来，日本的劳动生产率一直呈“零增长”甚至“负增长”状态，年均增长率为−0.52%。

其次，分析日本 1955—2009 年劳动力利用效率的变化情况。日本劳动力利用效率影响因素众多，变化情况也较为复杂。从数据观察，1955—1975 年，日本劳动力利用效率基本呈下降态势，并且于 20 世纪 70 年代第一次石油危机爆发后达到最低点，其后日本经济进入低速增长阶段，其劳动力利用效率一直呈上升态势。这种情况的出现与日本社会的传统风俗有关，日本有大量的女性人口从事家务劳动，也就是“家庭主妇”。日本经济进入低速增长阶段后，越来越多的日本女性为维持收入走出家门就业。这一点在第三阶段，也就是日本经济泡沫崩溃后表现得更加明显，2008 年日本的劳动力利用效率达到 77.87%的最高点。此外，在公式里，劳动力利用效率是由就业人口除以劳动年龄人口得到的，劳动年龄人口下降也使劳动力利用效率表现得更高。

最后，分析日本 1955—2009 年 15—64 岁劳动年龄人口规模和增长率的变化情况。1955—2009 年，日本劳动年龄人口规模从 5473 万人增加到 8149.3 万人，年均增长率 0.74%。分阶段看，第一阶段（1955—1973 年），日本劳动年龄人口规模从 5473 万人增加到 7410.4 万人，年均增长 1.09%；第二阶段（1974—1991 年），劳动年龄人口规模从 7474.3 万人增加到 8655.7 万人，年均增长率达到 0.87%；而在第三阶段（1992—2009 年），劳动年龄人口规模从 8684.6 万人大幅下降到 8149.3 万人，年均增长率为－0.37%。由上可以看出，在日本经济高速增长阶段和稳定增长阶段，劳动年龄人口一直呈上升状态，而在“失去的二十年”中，劳动年龄人口规模不断下降，从 20 世纪 90 年代中期开始，日本的劳动年龄人口进入负增长阶段。更为重要的是，日本劳动年龄人口规模的减少速度呈加速趋势，1992—2000 年，日本劳动年龄人口年均减少 0.07%；而 2000—2009 年年均减少 0.65%，2009 年日本劳动年龄人口的规模仅相当于 1984 年的水平。

（二）各要素的贡献度

比较劳动生产率、劳动力利用效率、劳动年龄人口这三个要素，可以分析出三个阶段中各要素对日本实际 GDP 增长的贡献度及其变化。

首先，看劳动生产率贡献度的历史变化。劳动生产率的提升一直是日本经济增长的最主要动力，不过在各个阶段的贡献度及变化趋势略有不同。1955—1973 年，劳动生产率的提升对日本经济增长贡献度达 76.35%，而到了低谷稳定增长的 1974—1991 年，其贡献度下降到 68.34%，1992—2009 年大幅上升至 153.39%。但结合第三阶段日本实际 GDP 和劳动生产率的变化可知，劳动生产率贡献度之所以高，并不是因为劳动生产率本身的大幅提升，而是实际 GDP 增长率停滞乃至下滑及其他因素贡献度下降过多所致。

其次，看劳动力利用效率贡献度的历史变化。1955—1973 年，劳动力利用效率对日本经济增长的贡献度为－4.73%，之后便一直上升，1974—1991 年的贡献度为 8.21%，而 1992—2009 年更是高达 104.74%。这说明在日本经济的“复合萧条”时期，劳动力利用效率的增长是日本经济增长的重要拉动力量。

最后，看劳动年龄人口贡献度的历史变化。在 1955—1973 年的日本经济高速增长期，劳动年龄人口对经济增长的贡献度为 28.38%，1974—1991 年下降至 23.46%，1992—2009 年为－158.13%，这说明劳动年龄人口规模的下降严重阻碍了日本经济的复苏，这也是第三阶段劳动生产率贡献度“畸高”的重要原因。劳动年龄人口规模的长期减少，不利于人口的长期均衡发展，尤其是在日本社会老龄化程度不断加重的情况下，劳动年龄人口减少对日本经济的负面影响将日益加大。

（三）主要结论

第一，劳动生产率的提升是日本经济长期增长的最主要动力。在 21 世纪之前，劳动生产率的提升一直是日本经济增长的最主要动力。但是，近些年来，日本的劳动生产率停滞不前，甚至下降，说明日本经济的长期增长动力不足。

第二，劳动力利用效率总体稳定，对日本经济长期增长拉动效果有限。在三个贡献要素中，劳动力利用效率对日本经济增长的影响最小。近些年，日本劳动力利用效率的提高主要是更多女性的就业所导致的，日本政府将女性的活跃视为经济增长战略的核心，力争提高就业率。然而，目前仅有约4成女性在生下第一个孩子后还继续工作，使女性可以兼顾家庭和工作的支援仍不充分。而且，日本的就业状况整体上并不乐观，就业人口呈连年减少趋势，2009年日本就业人口的数量还不足1991年的水平。2012年第三季度日本厚生劳动省的《劳动经济动向调查》称，日本“近两成企业称劳动力严重不足”。调查结果显示，在3320家受访企业中，16%的企业认为这种趋势已经影响了公司的经营与发展，12%的企业认为正规雇佣的职员严重不足。

第三，人口因素（劳动年龄人口）对日本经济已经由拉动作用转变为阻碍作用。在高速增长阶段，人口结构变化对日本经济增长起到了明显的促进作用，这种促进作用主要体现在三个方面：一是人口转变减轻了劳动力人口的抚养负担，这种人口条件有利于资本的快速积累。二是随着人口增长速度的下降，人口年龄结构进入收获期，劳动力人口充足，对工资成本上升起到了抑制作用，有利于企业竞争力的提高。三是人口增长率持续下降、劳动力负担减轻，有利于国家、企业和家庭进行人力资本投资。但是，在泡沫经济崩溃之后，日本很快迎来劳动力人口的负增长，这从供给和需求两个方面日益侵蚀日本经济的长期增长潜力。纵观泡沫经济崩溃后的日本经济，除了受到20世纪90年代泡沫经济崩溃及其之后多次金融危机的影响外，劳动年龄人口减少等人口结构的变化也是导致日本经济长期低迷的一个重要原因。

第二章　日本经济体制及其改革

日本经济体制是指作为资本主义后进国的日本在战后民主化改革基础上，借助美国扶持发挥“后发效应”，以政府干预为手段、以重化工业产业发展为目标、以高速增长为特征的“追赶型现代化”经济发展模式。[①] 在经济高速增长和增速换挡期，日本特殊的经济体制对经济增长发挥了重要作用，而在 20 世纪 80 年代后半期成为泡沫经济膨胀的推动力量，泡沫经济破灭后却成为处理泡沫经济后遗症的体制机制障碍，直到小泉时期才通过结构改革走出泡沫经济破灭后的经济长期萧条。尽管泡沫经济破灭后的历届日本政府都将结构改革作为执政理念，频频出台结构改革政策和行动方案，显示了政府的改革决心，但是直到现在也很难说日本的经济体制转型已经完成，普遍的观点认为日本仍然面临着严峻的经济体制改革任务。

---

① 孔凡静：《“日本模式”的核心与政府干预》，载《日本学刊》，2009（2），99—110 页。

第一节 日本经济体制的形成

一、经济体制的内涵

经济体制（Economic System）是一个既熟悉又模糊的概念。“熟悉”是指这一概念几乎充斥于每天的经济生活中，而“模糊”是指至今没有一个公认的概念，1987年出版的《新帕尔格雷夫经济学大辞典》2000多个词条中没有“经济体制”的定义，在规范的西方经济学体系中，也不包括“经济体制”范畴。马克思主义经济学系统区分了“经济制度”和“经济体制”这两个概念：“经济制度是指一定社会占统治地位的生产关系的总和；经济体制是指一定社会生产关系借以实现的形式，即生产关系的具体组织形式和经济管理制度。”这意味着经济制度是经济体制的本质内容，经济体制是经济制度的具体表现形式；经济制度是相对稳定的，而经济体制则是相对变化的，同一种经济制度下可以采取多种不同的经济体制。基于此，“经济体制”通常以国家与企业、政府与市场、企业与企业、企业与职工、本国与外国之间的经济关系表现出来，构成一国或一个地区制定并执行经济决策的各种管理机制的总和。

经济模式是与经济体制含义相近的概念。左大培和裴小革对“市场经济模式”做了全面深入的理论分析和现实考察。根据他们的总结，世界范围内的市场经济模式可以被分为“自由的市场经济”（如美国）、“行政市场体制”（如法国）、“法律规制的市场经济”（如新加坡）、“福利国家”（如瑞典）、“集体协调的市场经济”（如日本）

和“公有制的市场经济”（如前南斯拉夫）六种类型。全球各主要经济体的市场经济模式之所以有很大不同，其关键在于市场交换与非市场交换的社会机构和社会习惯相结合上的不同。[①]

二、战后日本经济体制的确立

作为后发国家，日本近代市场经济的发展并不是依靠市场循序渐进“自下而上”实现的，而是统治集团直接依靠国家权力将资本主义近代市场经济制度“移植”到日本，其方式是由国家政权自上而下地推进资本原始积累和提供各项制度供给，并且通过国家权力大力扶植和保护私人垄断资本，为新老财阀的形成创造种种有利条件。这种做法使日本市场经济制度带有浓厚的封建性，具体表现在农村中充斥着带有封建因素的土地关系、企业的家长式管理及财阀的特殊组织形态等。[②] 因此，在第二次世界大战后，日本要建立现代化的市场经济制度，首先要做的就是对战前的市场经济体制进行“改革”。战后初期，驻日盟军司令部首先要求日本进行经济民主化改革，虽然时间短暂，但是对战后日本经济的发展起到了巨大的促进作用。[③]

（一）农地改革

战前日本农村中以寄生地主制为代表的半封建生产关系的存在极大地阻碍了农村生产力和日本经济的发展，同时也构成了日本军国主义的社会基础。盟军司令部把农地改革作为日本经济民主化的第一步。日本政府先后两次制定农地改革法案，第一次是1945年11

---

① 左大培，裴小革：《世界市场经济概论》，1—2页，北京，中国社会科学出版社，2009。

② 赵放：《日本市场经济制度研究——对后发展国家的启示》，87页，长春，吉林大学出版社，2001。

③ 详见孙执中：《荣衰论——战后日本经济史（1945—2004）》，27—35页，北京，人民出版社，2006。

月22日，日本内阁会议决定实施《农地调整法改正法案》；此后不久，1946年9月又提出了第二次农地改革方案，获得盟军司令部承认，于10月11日正式实施，直到1949年均按此法执行。

第二次农地改革的主要内容：一是离村地主的全部耕地与平均1公顷（北海道为3公顷）以上的在村地主的佃耕地于两年间由政府强制收买，原则上卖给佃户。实施的结果是，约80%的佃户（合200万公顷农地）变成了自耕农。据推算，此次改革牵连到的地主约百万人，关联到的佃农约400万人，这是日本历史上对地主土地所有制的一次较彻底的清算。二是政府收买农地的价格按全国平均计算，水田每10公亩为760日元，旱地为450日元。实施的结果是，从1946年开始到1950年初，地主出租土地的80%被征购并转售给佃农，大部分佃农获得了土地，成为自耕农和半自耕农，剩下来的地主出租土地被限制在1公顷以下，地租额不得超过收获量的25%。

农地改革对日本整个社会经济的发展极为有利。一是农民收入提高，增加了对市场上工业品的购买，从而有助于国内市场的形成和扩大。据测算，在农地改革后，日本农民的购买力增加了1万亿日元以上。二是农民有了自己的土地后，劳动积极性迅速提高，对农业生产的投入急剧增加。如从1946年起，日本农民购买农业生产资料（包括化肥、农业机械和农药等）的支出迅猛增加，大大解放了农业生产力，促进了日本农业生产的迅速发展。三是在上述两点作用的基础上，日本农业为现代工业的崛起提供了丰富的劳动力资源，农业劳动生产力的提高解放了人手，很多农户成为“兼业农户”，进入工业等领域。

总的来看，日本农地改革从制度上消除了农民对地主的依附关系，在农村租佃关系已经不是基本的生产关系，建立起来的是以自耕农为主的小农经济体制。农地分散在农民手中，虽然对农业生产率的提高有不利影响，但对稳定农村经济和社会秩序有很大的积极作用，因而可以被看作日本现代市场经济制度的坚实基础。

（二）劳动改革

战前，日本工人处于完全无权的地位，特别是第二次世界大战爆发以后，日本政府对工人实行军事法西斯统治，工人的一切权利都被剥夺。盟军司令部认为，通过保证工人的权利，让工人得到物质待遇提高的实惠，可以防止工人转向军国主义，为此1945—1947年先后公布了《劳动组合法》《劳动关系调整法》和《劳动标准法》，合称“劳动关系基本法”。

从内容来看，其主要包括承认工人的权利、禁止强制劳动、公正的调整劳动关系、规定最低工资等。其中，《劳动组合法》（又名《工会组织法》）在日本头一次正式承认建立工会的自由和团结斗争的权利，是战后日本经济民主的重要基础；《劳动关系调整法》规定了解决争议的方法和程序、对争议行为的限制等；《劳动标准法》取消了封建式的劳动条件，禁止强制劳动，规定了8小时工作制和休假的原则，规定了妇女和童工就业劳动的限制，以及工伤事故的补偿等。除上述三部法律外，还颁布了《劳动者灾害补偿法》《劳动对策法》等，进一步对工人的劳动地位做了规定。

劳动改革是建立劳资关系民主化的基础，特别是按每个企业组织起来的工会与经营者进行谈判时，交涉的当事者可以产生谅解对方的倾向，使劳资矛盾容易得到解决，这使工人意识到自己的利益与企业的前途命运是相互关联的，日本企业，尤其是大企业也一直把维持和谐的劳资关系放在企业经营的重要地位。劳动改革还直接或间接地促进了日本市场经济制度中各项具体制度的构建，如雇佣制度、工资制度和经营管理制度等。

（三）解散财阀

财阀组织是日本特有的垄断资本集团，是一种以家族血缘关系为中心的特殊所有制关系，是德川幕府末期的特权商人和明治政权相结合的产物。战前，三井、三菱、住友、安田、鲇川、浅野、古河、大仓、中岛、野村等十大财阀下属的大企业支配着日本的主要产业。在国家的大力支持下，财阀在日本经济生活中居主导地位，成为日本军国主义的经济基础和对外进行侵略战争的策源地。

美国占领当局解散财阀的具体措施大体包括四个方面：一是解散财阀家族总公司的核心——控股公司。战前日本财阀进行自上而下的金字塔型控制的核心组织是控股公司[①]，因此解散财阀的首要任务就是解散控股公司。从 1946 年 9 月起，陆续指定包括三井、三菱、住友财阀总公司在内的 83 家公司为控股公司，对这些公司仅仅让其出售股票，而对其现有业务部门则原封不动的保留。[②] 二是消除家族财阀对企业的控制。1947 年 2 月，三井、三菱、住友、安田、鲇川、浅野、古河、大仓、中岛、野村等 10 个财阀的 56 名家族成员被指定为“财阀家族”，将其占有的有价证券让与控股公司委员会，并且禁止其出任高级职务。三是分散股份所有权，与财阀有关的公司被指定为“限制公司”，将“限制公司”“控股公司”和“财阀家族”的所有股票公开出售。一般情况下，这些股票被卖给了该

① “控股公司”占有其所属公司的直系与旁系公司股票的绝大部分，而这些直系与旁系公司又占有其下属的众多子公司、孙公司的股票。

② 但是，三井物产和三菱商事则不同，由于这两家公司严重威胁着美国垄断资本的利益，因此立刻根据占领军的特别指令解散了。除了这两家公司外，对事业公司仅使其放出股票，未触动公司本身。这样一来，原本被指定的 83 家控股公司中，实际被解散的仅剩下以三井总公司和三菱总公司为首的 28 家公司。

公司的从业人员。四是排除集中，拆分大企业。日本政府于1947年12月制定了《经济力过度集中排除法》，指定325家大公司为排除对象，后来取消了这个指定，仅要求拆分18家公司，但是这些公司中实际化小的不过11家（具体包括大建产业、大日本麦酒、三菱重工业、日本制铁、井华矿业、王子制纸、东洋制罐、三菱矿业、三井矿山、帝国纤维、北海道酪农工业）。

从实施效果看，1946—1950年，日本政府在美国占领军要求下解散了财阀，家族财阀总公司解体。解散财阀切断了财阀与企业间的资本和人事关系，摧毁了自上而下的金字塔式的控制方式，财阀家族对垄断组织的统治被取缔；但是，财阀所属企业（除三井物产和三菱商事外）都依然存在，就是被指定拆分的企业也都依然存在，这些企业的垄断性几乎未变化，特别是大银行的金融实力几乎都保存了下来。在1951年“旧金山和约”后，随着日本经济的恢复和发展，特别是重化学工业的发展，日本的垄断资本又以银行为中心进行了新的集结，被称为“财阀再编成”。因此，解放财阀实质上是对旧财阀的一种改造，财阀所属企业并没有被解散，而是通过财阀改组，以横向结合的方式重新组织起来，企业集团成为新的垄断资本组织形式。

三、日本经济体制的构成与特点

冈崎哲二等总结了日本经济体制的五个部分，即经营者为主导的企业所有和经营关系，以终身雇佣制、年功序列制为核心的企业内部关系，以转包和系列化为特征的企业间关系，以主银行为媒介的间接金融体制，以行政指导为中心的市场与政府之间的关系。伊藤正直（2006）扩展了冈崎哲二等的研究，在企业内关系、企业间关系和政府与市场关系基础上增加了对外经济关系，形成了经济体制的四大支柱，同时强调四个支柱之间存在着相互制约与相互强化的关系。对外经济关系在后文中（第七章）有详细阐述，本章主要考察日本企业内部的关系、企业之间的关系、市场和政府的关系。

日本市场经济的典型特征是集体协调，这种特征最集中地体现在日本人对集体内部的一致和共识的追求上，主要表现为以下三个方面[①]：

在企业内部，任何国家的企业内部都靠等级制下的指挥命令方式协调成员的行动，但是这种等级制组织与市场交易有紧密的联系，而日本企业内部的集体协调却将企业内等级制组织与市场交易的结合最小化。企业内部非市场交易的协调绝不仅限于通常的等级制组织下的指挥命令，而是通过员工的终身雇佣使员工个人的职业生涯最大限度地脱离了劳动力市场上的交易，并且通过企业内部的各种非正式制度使员工最大限度地融入企业的劳动集体之中。日本企业内部的集体协调保证了企业员工对企业利益的认同，使企业的全体员工之间形成了一种意愿、认识和行动上的一致，将所有员工团结在一起进行非正式制度的合作，由此保证了企业经营的高效率。

在企业之间，日本的许多企业相互之间的往来并不仅仅限于单纯的市场交易，而是由许多企业相互实行横向的水平联合或纵向的垂直联合，形成企业的各个“系列”或企业集团，此即“系列制”。在每个“系列”内部，成员企业之间有着错综复杂的各种长期稳定的往来及相互持股关系。同一个“系列”或集团内的企业在很长的时期中都会将某些交易限于系统内的企业之间进行，而且系统内的

---

① 详见左大培、裴小革：《世界市场经济概论》，266—268页，北京，中国社会科学出版社，2009。

各企业间经常进行技术、销售、财务等各方面的互相帮助，而这种帮助又往往意味着给予帮助的企业在短期内会受到本身利益上的损失。通过形成这种企业集团或“系列”以结成互相帮助的全面长期往来关系，日本的企业之间形成了卓有成效的集体协调。

在市场与政府之间，日本政府对企业在市场交易之外进行集体协调。在主要发达国家中，日本政府对经济社会的干预力量是最强的，其通过多种途径对经济进行管理性的指导，最著名的是“中长期经济计划”和产业政策。日本政府大多数影响经济的做法并不是靠西方式的法律制度，而是以人们已经固定的适应了的传统为基础，并且在很大程度上是有效的。政府影响经济的这些做法包括指示、表示、希望、警告、建议和要求等措施，它们针对选定的部门和企业，实际上是非书面的指令。国家虽然通过建议和帮助、信息交流和推荐等手段干预经济，但是始终让经济界自己做出企业经营上的决策。

第二节　日本经济体制的研究思潮

日本的经济体制保障了战后经济的高速增长，更是在20世纪70年代两次石油危机期间表现了一定的优越性，但在20世纪80年代后半期的泡沫经济膨胀过程中，其弊端也愈发明显，国内外学术界对此进行了大量深刻的讨论。

一、关于日本经济体制特殊性的相关讨论

关于日本经济体制特殊性的研究，长期以来形成了“文化传统

说”和“战后改革说”，前者认为日本的经济体制源于日本固有的文化背景和民族特性，是延续战前的模式建立起来的（野口悠纪雄，2002），而后者强调日本的经济体制是战后在经济民主化基础上形成的，战后日本恢复期是经济体制的“重建期”，高速增长时期是“确立期”，泡沫经济崩溃后是经济体制的“转型期”（中村隆英，1993）。青木昌彦是向国际社会全面介绍日本经济体制的第一人，自20世纪80年代开始开创性地运用信息经济学和博弈论研究快速崛起的日本经济和企业发展问题，从经济理性和效率角度分析了日本的企业股权结构、主银行体制、企业集团及政府组织、官僚体系与企业关系中表现的“官僚多元主义”（Bureau-Pluralism）等制度的经济学含义，并且分析了其在日本经济增长中的作用，认为经济体制是一个复杂的系统，是一个由各种制度构成的集合体，构成经济体制的各种制度不是孤立的，而是彼此适应或互补的。约翰逊分析日本通产省在日本经济奇迹中的地位和作用，将日本经济体制定性为发展型国家模式。通产省作为优良的官僚团队，在政治家统治和官僚支配的政治体制下，通过政府与企业的合作，以及对市场的调控，实现了经济的高速增长。戴维·柯茨将日本经济体制定义为“政府导向型”模式，强调政府在整个经济发展中的导向作用，与此相对应的主流文化倾向是保守主义和民族主义。

我国学者对于日本经济体制特殊性的研究更多是侧重于政府与市场关系研究，企业制度研究，财政体制、金融体制或产业政策等各个具体领域的体制的研究。江瑞平（1998）将日本资本主义本质定义为“法人垄断资本主义模式”，认为这一模式体现在日本公司治理结构、宏观经济运营、收入分配或再分配，以及储蓄投资模式等方方面面；余永定、李薇（1997）分析了日本的财政体制、税制改革及财政投融资制度的改革，指出日本人口老龄化不断加剧背景下日本财政将面临更加严峻的局面；闫坤（1998）论述了70年代后日本金融自由化及其金融体制改革问题，认为改革的不彻底性导致了许多结构性缺陷，成为90年代后半期日本金融危机的原因之一；张季风等（2009）认为，在“日本模式”运行中，政府的干预存在政策失败或政府失灵的风险，而政府干预经济的特定模式也有可能导致其特有的缺陷。日本式经营管理享誉世界，也成为中国日本研究界关注的重点领域，周见（1998）认为日本式经营方式的产生与发展既体现了日本资本主义发展模式和国内外环境的特殊性，也与日本独特的社会文化及企业家的成长环境有密切关系。

二、关于日本经济体制弊端的相关讨论

日本经济体制的弊端集中体现在，该体制不仅没有发现经济发展中的失衡因素，及时监控或消除经济泡沫膨胀，反而还成了泡沫膨胀的推手，泡沫经济破灭后由于僵化的体制机制因素，也没能尽快通过结构改革解决泡沫经济的遗留问题。

从国外学者来看，香西泰等（2000）在《泡沫经济时期货币政策及其反思》中提出，货币政策应该以实现物价稳定为目标，在80年代后半期的泡沫经济膨胀过程中，由于过于考虑升息对汇率的影响而贻误了时机，为避免这种现象再次发生，日本银行制定货币政策时应该关注资产价格动向，深入分析物价与经济景气之间的关系，从预防经济泡沫的视角设计货币政策。2008—2013年担任日本银行行长的白川方明（2011）在分析泡沫经济膨胀的原因时，没有推卸日本银行宽松货币政策的责任，但认为宽松货币政策不是泡沫经济的唯一导火索，泡沫是一个类似化学反应的复杂现象，日本式经济

体制难辞其咎。在泡沫经济崩溃后经济长期萧条的原因中，白川方明坚决否认宽松的货币政策可以防止泡沫经济崩溃后的经济下滑，提出日本劳动年龄人口下降带来的潜在劳动生产率下降和日本式经营模式不能适应全球价值链变化的趋势才是经济长期萧条的根本原因。值得注意的是，日本马克思主义学者村上和光在《泡沫经济与日本式现代资本主义转型》（2010）一文中研究了日本经济体制的政策取向，即调和阶级矛盾和促进资本积累，这可称之为"隐藏在经济体制背后的'根本课题'"，认为这是日本为了规避资本主义的基本矛盾而采取的有效措施并成为经济高速增长的重要因素。后来受80年代初期新自由主义改革的影响，日本企业制度改革和金融制度，以及行政财政改革已经动摇了这两个根基，调和阶级矛盾的终身雇佣制和年功序列制出现了空洞，带来了以收入差距为代表的"格差社会"。通过财政和货币政策聚集的金融资源并没有流入实体经济促进资本积累，反而流向了不动产、建筑业和非银行金融机构，助推了泡沫经济膨胀，因此主张泡沫经济成为日本式资本主义的"掘墓人"。

国内学者也对这一问题进行了深入研究，从多个方面研究日本经济体制与泡沫经济膨胀和崩溃之间的关系，从日本经济体制的不同侧面分析了其对泡沫经济膨胀和崩溃后经济萧条的影响，[①] 主要的影响路径包括这样几个方面：一是日本金融自由化后放松了规制，但没有建立相应的审慎监管体制。大量问题金融机构的出现，致使事后安全网难于保证金融机构稳定，进而引发大规模银行破产。泡

① 这些成果包括但不限于《日本的规制改革》（徐梅，2003）、《日本经济体制变革研究》（崔岩，2004）《日本经济增长的制约因素及其前景》（田中景，池元吉，2008）、《日本金融体制问题及改革》（张淑英，1998）、《日本体制变革、产业调整与资本输出》（孙振海，1996）、《日本经济产业解析——改革、创新与演进》（张玉来，2019）等。

沫经济崩溃后由于缺乏处理金融机构不良债权问题的“弹药”和“武器”，致使处理泡沫经济后遗症问题持续了15年之久。二是泡沫经济及泡沫崩溃后日本经济体制改革或规制改革均是在日美贸易摩擦时美国的压力下进行的，过快或过度的以美国为样板的放松规制导致日本经济出现了“消化不良”现象。三是曾经作为高速经济增长时期成功经验的主银行体制及交叉持股体制贻误了处理企业债务的最佳时机。因注重长期合作和利益共同体的理念，即使在企业面临严重的经营问题时，也没有及时止损或终止交易关系，致使企业债务久拖不决，僵尸企业遍野。四是以银行为核心的间接金融体制，在金融自由化后，大企业增加了资本市场直接融资，金融机构将大量资金投入非实体经济，面向不动产、建筑业和非银行金融机构的“三业态贷款”助长了泡沫经济膨胀。五是财政政策缺乏机动灵活性，没有及时增税和推进财产税改革，增大了泡沫经济崩溃后货币政策的压力。

第三节　日本经济体制的改革

经济体制转型往往是通过经济结构调整实现的，日本采取了一系列结构改革政策。日本的改革并不是进入21世纪才开始的，自20世纪80年代以来，日本政府已经陆续推进公营企业的民营化和各种形式的规制改革和行政改革。但20世纪90年代以来出现新的环境变化，使日本经济体制改革速度加快。

一、日本经济体制改革的大致历程

20世纪80年代初期，日本开始进行结构改革，标志性事件就是1981年成立的临时行政调查会，确立了审议会制度，吸收民间经验丰富、学识渊博和具有一定声望的专家组成智囊团，为政府行政改革出谋划策。20世纪80年代日本行政和财政改革方案都是临时行政调查会答询报告的结果。1994年，日本成立了行政改革委员会，继续推动行政、财政、金融等各个领域的结构改革。由于20世纪80年代末到90年代中期日本频繁更换首相，直到1994年组阁的村山富士在1995年出台了第一个以结构改革为名的中长期经济计划，1996年组阁的桥本龙太郎宣称1996年是“结构改革元年”，2001年上任的小泉纯一郎提出了“改革无禁区”誓言，以上宣言均凸显了日本政府进行结构改革的决心和意志。

从改革内容和改革效果看，村山富士只是描绘了改革的蓝图，并没有出台具体的实施细则或行动指南。1996年因投入6850亿日元财政资金救助受金融危机打击的住宅金融机构（“住专”），遭到了在野党和社会舆论的强烈反对，导致内阁重组。事实上，当时由于日本政府对金融机构不良债权问题采取拖延或敷衍的态度，导致国民并没有意识到金融机构不良债权问题持续必然会引发经济的长期萧条。

桥本龙太郎在1997年提出了以“变革和创造”为主题的六大改革计划，并巨发出了“不怕刀山火海”的豪言壮语。六大计划分别是行政机构改革、财政结构改革、社会保障结构改革、经济结构改革、金融体系改革和教育改革，并且为六大改革出台了具体的政策目标和改革方案。目标是明确的，方案是清晰的，但改革是失败的。这是由于从上到下的改革计划与日本纵向贯通的行政体制不兼容，所有改革均遭到了族议员的强烈反对，不得不推迟。另外，改革时机选择失误，当时东亚金融危机爆发，日本经济受到巨大冲击，在经济严重下滑情况下试图实施全面的综合性的结构改革计划是不可能成功的。1997年将消费税从3%提升到5%，导致次年参议院选举惨败，桥本内阁辞职。

小泉内阁的改革计划基本延续了桥本内阁的改革思路，但小泉汲取了桥本内阁的经验和教训，将六大改革计划按照轻重缓急进行了部署。首要的改革计划是处理金融机构不良债权问题，2002年出台“金融再生计划”，促使民间金融机构尽快处置不良债权问题。在2005年之前的两年半时间内基本解决了金融机构的不良债权问题，同时也极大缓解了非金融企业的过度债务问题，泡沫经济的后遗症得以消除。其后的行政体制改革推动政府放松规制，渐进推动司法改革，破解了政官企的“铁三角”体制。特别值得注意的是，小泉内阁巧妙维持了经济景气和结构改革的平衡，适度控制改革的力度和进程；同时，小泉改革的成功也得益于世界范围内互联网泡沫崩溃后的经济复苏带动日本经济走出通货紧缩泥潭，实现了结构改革和经济增长的并存。

日本经济体制改革还受到美国压力的影响。小泉内阁执政期间，日美之间改变了90年代初期克林顿总统与细川护熙首相直接谈判、剑拔弩张的状态，两国的经济对话也从克林顿第二任期的部长级谈判降格至副部长级谈判的“规制缓和倡议”对话。美国自1994年开始单向对日本发布年度改革建议书，明确第二年需要改革的问题。为改变这种不对等现象，2001—2008年日美开始双向发布年度改革建议书，美国向日本发布的改革建议书基本得到了落实，但日本向美国发布的建议书没有产生任何效果。这一现象引发了日本国内学者和部分企业界人士的强烈反对，认为这是对日本内政的严重干涉①。

表 2-1　小泉内阁的重要改革与美对日发布的年度改革建议书关系

<table>
<tr><th>年份</th><th>年度改革建议书提出事项</th><th>日本法律或制度改革</th></tr>
<tr><td>2002</td><td rowspan="2">司法制度改革</td><td rowspan="2">律师业自由化</td></tr>
<tr><td>2004</td></tr>
<tr><td>2003</td><td>引入美国式经营形态</td><td>商法改革</td></tr>
<tr><td rowspan="2">2005</td><td>简化公司合并手续</td><td rowspan="2">新公司法成立</td></tr>
<tr><td>外国企业进入日本</td></tr>
<tr><td>1998</td><td rowspan="2">保险业自由化</td><td rowspan="2">保险业修订法</td></tr>
<tr><td>2005</td></tr>
<tr><td rowspan="2">2005</td><td>邮政民营化</td><td>邮政民营化六法案</td></tr>
<tr><td>强化禁止垄断法</td><td>修改禁止垄断法</td></tr>
</table>

资料来源：裴桂芬，李潇潇：《日美贸易摩擦与日本结构改革》，载《日本问题研究》，2019，33（3），1—11 页。

二、日本经济体制改革的主要内容

（一）企业体制改革

日式企业体制包括经营者支配和日式雇佣制度，后者以终身雇

① 对此，美国高官的认识却完全不同。当时在美国国务院负责经济通商事务的詹姆斯·兹姆瓦尔特（James P. Zumwalt）是草拟年度改革建议书的主要人物，曾明确指出建议书有助于日本的经济增长，也符合美国的利益。由于日本经济低迷的原因之一就是过多的规制，建议书要求日本放松规制，美国至多是将“日本想做的事说出来了”，“将小泉考虑的事情提出来了”。详见裴桂芬，李潇潇：《日美贸易摩擦与日本结构改革》，载《日本问题研究》，2019，33（3），1—11 页。

佣制和年功序列制为核心。经营者支配和独具特色的雇佣制度通过内部晋升体制得到强化。这些被称为“神器”的日式企业体制曾为日本企业创造了辉煌。从20世纪70年代的减量经营到80年代的企业合理化改革，日本的终身雇佣制开始改变，大企业为降低成本降低正式员工的雇佣比例，增加非正式员工的就业，以减少人工成本。泡沫经济破灭后，日本企业引入绩效工资制度和内部竞争机制以提高企业的竞争力，尤其是随着日本公司法、商法的修订，公司治理结构出现了变革，改革董事会并引入执行官制度、强化监事会制度，更重要的是完善了激励机制，大公司基于成果决定薪酬，引入竞争机制，极大地提高了员工和经营者的积极性。公司法的修订和合并条款的缓和，为控股公司提供了法律依据，促进了日本企业的并购，提升了企业竞争能力。

日式企业体制中终身雇佣制虽然已经发生了很大变革，但与欧美国家相比，日本长期雇佣现象至少在21世纪初期还是比较显著的。正像白川方明所说的那样，“在美国削减过剩劳动力是通过裁员（临时解雇）形式，能够比较快速地解决问题，而在日本大企业中，终身雇佣制仍然占主导地位，劳动力具有很强的固定生产要素色彩。受这种雇佣制度的影响，为调整过剩劳动力日本花费了10年以上时间”。他还指出日本的长期雇佣制度与20世纪90年代以后迅速崛起的信息通信革命出现了严重的“不兼容”，并且成为泡沫经济破灭后经济长期萧条的原因之一。[①]

（二）金融体制改革

日本的间接金融体制与企业间的相互持股、主银行体制及向实

---

① （日）白川方明：《动荡时代——白川方明亲历日本经济繁荣与衰退的39年》，292—294页，裴桂芬、尹凤宝译，北京，中信出版社，2021。

体经济提供所需资金的机制是密切相关的，即如果企业相互之间持有股票，股东支配权就会被削弱，从而会出现经营者支配现象，影响到各种相关者利益，这就需要建立一个监督经营者的机制，由此便出现了银行提供资金并监督企业经营的主银行体制，同时还衍生了短期贷款资金滚动机制和长期资金的供应和分配机制，以护航船队为特征的金融监管体制，这些内容共同构成了日本传统的金融体制。传统的金融体制助长了泡沫经济膨胀，泡沫经济破灭后开始进行改革，最典型的就是被称为“金融大爆炸”的1998年金融改革。“金融大爆炸”改革既包括外汇法和金融制度改革法，也包括处理金融机构破产法和金融监管机构改革法。金融制度改革法包括《银行法》《证券交易法》《保险业法》《证券投资信托法》等20多项法令法规，处理金融机构破产法包括《金融再生法》和《金融早期健全化法案》。金融监管改革是指1998年4月新日本银行法生效，明确了日本银行的金融稳定职能，6月成立了金融监督厅，接手了原大藏省执行的金融监管和监督职能，2000年7月金融监督厅更名为金融厅，并且在2001年1月的中央省厅机构改革中成为内阁府的外设局。

日本金融体制改革的最大成效是促进了金融业并购重组，而且出现了大量跨越企业集团的并购，对于日本传统的企业间关系产生了很大影响，但不能说日本金融体制完全实现了转型。因为日本的间接金融体制并没有发生根本性改变，改变的只是经济主体的资金余缺状况和金融交易结构，家庭仍是资金剩余者，而企业从剩余者转变为提供者，政府成为最大的资金需求者。这说明基于非正式制度形成的经济体制的转型是一个漫长的过程。

（三）产业规制改革

20 世纪 90 年代中期前后，随着经济陷入萧条，日本政府越来越意识到问题的严重性和放松规制的紧迫性，加快了产业规制改革的步伐。从 1993 年 4 月到 2000 年 3 月，日本不断扩大规制改革的范围。进入 21 世纪之后，产业规制改革已与日本政府倡导的经济社会结构改革结合起来。2006 年 12 月，日本政府公布《体制改革评估报告——近期规制改革进展与生产力的关系》，列举了各行业规制改革的成效（见表 2-2）。从产业整体来看，日本的规制指数从 1999 年的 0.483 降到 2002 年的 0.447，并且在 2005 年进一步降到 0.394。其中，制造业规制指数从 1999 年的 0.322 下降到 2002 年的 0.261，再降到 2005 年的 0.227；非制造业规制指数从 1999 年的 0.611 下降到 2002 年的 0.460，再降到 2005 年的 0.326。

表 2-2 日本产业规制指数

序号	产业类别	1999 年	2002 年	2005 年
1	农林水产业	0.923	0.768	0.805
2	矿业	0.659	0.718	0.723
3	制造业	0.322	0.261	0.227
4	建筑业·土木业	0.550	0.775	0.849
5	电气业	0.388	0.285	0.277
6	燃气供热行业	0.531	0.439	0.388
7	上水道业	1.012	1.265	0.992
8	工业供水/废物处理	0.861	1.198	1.318
9	批发业	0.235	0.234	0.225
10	零售业	0.274	0.296	0.287

续表

序号	产业类别	1999 年	2002 年	2005 年
11	金融保险业	0.831	0.709	0.427
12	不动产业	0.505	0.554	0.558
13	铁路行业	0.466	0.445	0.218
14	道路运输业	0.321	0.209	0.184
15	水运业	0.525	0.392	0.332
16	航空运输业	0.874	0.686	0.727
17	其他运输行业/包装	0.671	0.566	0.502
18	电信·电话业	0.662	0.121	0.073
19	其他公共服务	1.122	1.061	0.364
20	其他办公服务	0.566	0.414	0.275
21	其他个人服务	0.474	0.448	0.376
22	产业总体	0.483	0.447	0.394
23	制造业	0.322	0.261	0.227
24	非制造业	0.611	0.460	0.326

数据来源：日本内阁府《体制改革评估报告——近期规制改革进展与生产力的关系》。

三、安倍内阁和岸田内阁的结构性改革

安倍晋三在第二次执政期间试图继续推动经济的结构性改革，意图通过产业结构和制度结构的系统性调整与提升带动日本经济走出长期低迷，具体包括促进投资、促进人才竞争、培育新市场和提高经济开放度四个方面。为加速结构性改革政策的落地与生效，安

倍政府积极导入并推介“第四次工业革命”新理念，希冀利用人工智能、大数据、物联网等新兴技术的开发及运用，构建以汽车产业、健康医疗产业等为代表的新产业体系，并且带动产业结构的转型升级。[①] 但是，在整个执政期间，安倍内阁的结构性改革并未取得突破性进展。

表 2-3 “安倍经济学”结构性改革的基本框架

序号	四大基本领域	结构性改革的具体措施
1	促进投资	1. 减少商业壁垒；2. 设立“国家战略特区”；3. 鼓励科技创新；4. 加大对中小企业的扶持；5. 提高公共服务领域对民间资本的开放度
2	促进人才竞争	1. 提高女性参与社会经济活动的比重；2. 培养国际化青年人才；3. 提升日本国内的开放度；4. 完善自由化的劳动力市场制度
3	培育新市场	1. 实现电力市场的完全竞争；2. 建设健康的“长寿社会”；3. 提升农业的规模化生产及自由化程度
4	提高经济开放度	1. 推动访日游客数翻倍（2020 年目标）；2. 吸引跨国企业地区总部入驻日本；3. 扩大基础设施出口，推广日本技术品牌；4. 推进“酷日本”（Cool Japan）战略

资料来源：陈友骏：《论“安倍经济学”的结构性改革》，载《日本学刊》，2015（2），75—92 页。

2021 年 9 月 29 日，岸田文雄当选自民党总裁，随后在 10 月出任日本第 100 任首相。岸田文雄上台伊始便提出了建立“新型日式资本主义”。2021 年 10 月 26 日，由岸田文雄主导的“新资本主义实

① 陈友骏：《“第四次工业革命”与日本经济结构性改革——新理念的产生、引入与效果评估》，载《日本学刊》，2018（2），87—108 页。

现会议”召开，会议就经济增长和分配的良性循环展开讨论。11 月 9 日，岸田政府新设“数字田园都市国家构想实现会议”“数字临时行政调查会”和“全年龄层型社会保障构建会议”3 个职能会议以推进日本“新型日式资本主义”建设。其中，“数字田园都市国家构想实现会议”意在从地方推进数字化，展示地方活性化的愿景；“数字临时行政调查会”则将与数字改革、规制改革和行政改革相关的跨领域课题进行一体化集中讨论，并且尽快进行制度及系统等的结构改革；“全年龄层型社会保障构建会议”将讨论全部与社会保障相关的事务，同时设置“公共价格评估探讨委员会”，增加护士、护理人员及保育士的收入。2021 年 11 月 19 日，日本内阁府公布《克服新冠和新时代发展的经济措施》，在该报告的第三部分“开启未来社会的‘新资本主义’”中，岸田内阁将其举措分为“成长战略”和“分配战略”两个方面，具体领域和内容如表 2-4 所示。岸田内阁的结构性改革相较于以往历届政府有继承也有创新，但其面临的困难更大，改革效果如何尚有待观察。

表 2-4 岸田内阁“新型日式资本主义”的基本框架

项目	基本领域	主要内容
增长战略	实现科技立国	1. 加强科技/创新投入；2. 2050 年碳中和的清洁能源战略（A. 投资清洁能源；B. 改变人们的生活方式，支持企业低碳化；等等）；3. 恢复日本企业的活力，全面支持作为创新领导者的初创企业
	地方活性化，连接世界《数字田园都市国家构想》	1. 在各地方实施远程办公、无人机配送、自动配送、自动驾驶等数字化转型；2. 推进数字化转型；3. 积极投资地方活性化（A. 振兴农林渔业；B. 旅游型国家的复兴；C. 文化艺术民族振兴和体育振兴；D. 壮大中小企业，改善营商环境）；4. 地方交付税增加
	经济安全保障	1. 推进半导体、疫苗、治疗剂等制造基地的建设；2. 支持尖端重要技术的研究开发和实际应用；3. 加强包括标准在内的知识产权战略；4. 确保重要材料的稳定供应和强化供应链计划；5. 推进下一代数据中心的去中心化和优化布局，增强公共和私营部门的网络安全环境和响应能力
分配战略	加强民间部门分配的强力支援	1. 促进加薪；2. 促进劳动力流动，大力推动人力资源开发；3. 通过工作方式改革，促进多样化工作方式，支持多样化人才的积极参与等
	加强公共部门等的分配功能	1. 提高护理、保育、幼儿教育等现场工作人员的收入等；2. 推进“儿童・育儿支援”

资料来源：日本内阁府“克服新冠和新时代发展的经济措施”。

历届日本政府的结构改革政策是否实现了经济体制转型，是一个需要深入研究的问题。本书作者所秉持的理念是，日本的结构性改革政策有助于经济体制转型，但是日本始终没有处理好经济增长、结构改革与社会稳定之间的关系，多次乐观地期望经济转好之后再推进结构改革，其结果不仅推迟了结构改革，还引发了贫富差距扩大等社会问题。究其根本，经济体制转型效果是正式制度和非正式制度共同作用的结果，一定时期的经济政策对正式制度的影响应该是显而易见的，而对非正式制度的影响往往是不显著的，或者需要一个漫长的观念转变历程，这是整个社会对经济政策的理解、接受和认同的过程。目前学术界对日本结构性改革和经济体制改革的研究大多是从政治角度和经济角度进行分析，未来的研究或许可以从历史文化传统的角度切入。

第三章　日本的财政与金融

财政与金融是日本经济体系的重要内容。作为经济制度，财政与金融制度是日本经济体制的重要组成部分；作为经济政策，财政与金融政策是日本政府调节国民经济的重要工具。与其他资本主义国家相比较，日本政府运用财政金融手段实现经济发展目标的倾向更加明显。因此，财政制度及收支、金融体系及监管不仅关系到日本政府的运行、企业的经营和民众的生活，而且关系到日本经济社会的长期发展趋势。

第一节　日本的财政制度

一、日本的预算制度

日本的财政年度是从每年的 4 月 1 日开始，到下一年的 3 月 31 日结束。日本政府一般在每年的 6、7 月份提出编制下一年度概算要求的基本方针。日本的财政预算具有很强的约束性，一般不允许突破预算。但是，如果当初编制的预算不符合实际情况，如某些项目收支脱节、遇到突发事件或社会经济状况发生变化等，可以按照法定程序编制补充预算。若补充预算不可能在事前经国会决议，需要事后做出解释，获得国会承认。日本的中央财政预算分为一般会计预算、特别会计预算和政府有关机构预算三大块。①

一般会计预算是日本中央政府预算体系最主要的组成部分，是中央财政活动的核心，其收入主要来自税收、国债和国营企事业收入，前两者占预算总收入的90%以上；其支出项目是为开展一般行政活动、维持国家机器正常运转所需要的经费，包括国家行政机构费、国防费、公共事业费、教育和科技振兴费、社会福利费、地方财政费（将国税收入按照法定比例分配给地方财政）、经济对策费（如能源对策、中小企业对策等）、对外经济合作和开发援助费等。②为了全面且有重点的观察日本一般会计预算的收支情况，表3-1和表3-2列举了一般会计预算的收支总额、主要收入项目和主要支出项目情况。

表3-1　一般会计预算收入

年份	税收收入		国债收入		一般会计预算收入总额（百亿日元）
	金额（百亿日元）	占比（%）	金额（百亿日元）	占比（%）	
2001	4962.50	57.47	3000.00	34.74	8635.26
2002	4427.60	52.91	3496.80	41.78	8368.90
2003	4178.60	51.00	3644.50	44.48	8193.96
2004	4404.10	50.69	3659.00	42.12	8687.87
2005	4704.20	54.26	3346.90	38.60	8670.48

① 参见张季风：《日本经济概论》，109—111页，北京，中国社会科学出版社，2009；冯昭奎：《日本经济》，149—150页，北京，高等教育出版社，1998。

② 张季风：《日本经济概论》，109—111页，北京，中国社会科学出版社，2009。

续表

年份	税收收入		国债收入		一般会计预算收入总额（百亿日元）
	金额（百亿日元）	占比（%）	金额（百亿日元）	占比（%）	
2006	5046.80	60.47	2747.00	32.91	8345.83
2007	5255.10	62.71	2543.20	30.35	8380.42
2008	4642.90	52.22	3316.80	37.30	8891.12
2009	3686.10	35.94	5345.50	52.12	10255.82
2010	3964.30	40.98	4430.30	45.80	9672.84
2011	4203.00	39.09	4429.80	41.20	10751.05
2012	4260.70	42.38	4946.50	49.20	10053.66
2013	4535.40	46.24	4285.10	43.69	9807.70
2014	5172.60	52.25	4049.29	40.90	9900.03
2015	5642.40	56.61	3641.83	36.54	9966.33
2016	5586.00	55.74	3903.46	38.95	10022.20
2017	5771.20	58.23	3555.46	35.87	9910.95
2018	5992.80	59.13	3539.54	34.92	10135.81
2019	6018.00	57.51	3708.19	35.43	10465.17
2020	6351.30	39.63	9015.89	56.26	16026.07

数据来源：日本财务省“财政统计（预算决算等数据）”。

日本一般会计预算的收入结构存在的问题：一是税收存在较大波动。税收是财政收入的重要来源。然而，日本经济陷入衰退后，由于税基缩小导致税收一度不增反减。泡沫经济崩溃后，日本税收开始下降；2008 年全球金融危机后，日本税收迅速减少，2009 年仅为 36.86 万亿日元。为了弥补税收的减少，日本政府上调消费税税率，短期内相对增加了一部分税收，但是长期来看会造成居民消费萎缩。2020 年在新冠疫情影响下，日本多次推出补充预算案，全年财政预算收入超过 160 万亿日元。二是财政收入过度依赖国债。日本国债收入大多数年份占财政收入的 35%以上，受全球金融危机和新冠疫情影响，2008 年和 2020 年均超过 50%。日本国债分为建设国债和赤字国债，前者用于投资建设新项目，后者用于弥补当年财政收入不足。当前，日本财政收入不足但财政支出刚性，因此财政越来越依赖赤字国债；日本的巨额国债不仅限制了财政政策的发挥空间，而且成为潜在的金融风险。

表 3-2　一般会计预算支出　　　　（单位：百亿日元）

年份	一般会计预算支出总额	地方财政费	防卫关系费	教育文化费	社会保障费	国债费
2001	8635.26	1672.58	499.92	641.53	2100.88	1628.40
2002	8368.90	1650.11	494.47	656.89	2122.78	1606.05
2003	8193.96	1742.74	492.70	606.89	2106.72	1608.24
2004	8687.87	1770.43	493.64	601.28	2191.93	1827.84
2005	8670.48	1750.47	491.90	584.91	2222.53	1962.03
2006	8345.83	1681.76	489.13	515.57	2197.21	1891.51
2007	8380.42	1495.54	486.24	529.88	2242.32	2046.76
2008	8891.12	1570.30	483.85	541.79	2390.85	1994.01
2009	10255.82	1659.62	484.02	601.85	3038.39	1925.15
2010	9672.84	1881.06	480.61	553.78	2928.62	2023.60
2011	10751.05	1947.09	511.93	616.65	3191.66	2026.93
2012	10053.66	1690.05	483.56	610.71	3000.05	2154.53

续表

年份	一般会计预算支出总额	地方财政费	防卫关系费	教育文化费	社会保障费	国债费
2013	9807.70	1757.54	487.62	544.91	2999.92	2181.07
2014	9900.03	1719.30	509.87	537.13	3123.36	2250.96
2015	9966.33	1689.42	518.22	524.95	3275.56	2290.70
2016	10022.20	1542.80	524.79	556.59	3317.92	2233.52
2017	9910.95	1565.25	536.49	541.50	3308.90	2270.78
2018	10135.81	1610.91	565.20	557.84	3360.44	2274.13
2019	10465.17	1611.25	568.84	591.35	3467.62	2250.62
2020	16026.07	1591.21	534.55	576.66	4102.40	2401.69

数据来源：日本财务省“财政统计（预算决算等数据）”。

一般会计支出主要包括地方财政费、防卫关系费、教育文化费、社会保障费和国债费等。以 2019 年为例，以上五项支出占日本一般会计支出总额的 81%。其中，社会保障费和国债费所占比重最大，分别约占一般会计支出总额的 33%和 22%，这意味着日本每年的一般会计支出中有 50%以上是用于社会保障和国债利息等费用。此外，随着国债发行规模不断扩大和老龄人口不断增加，日本财政支出向此两方面倾斜已经成为不可逆的趋势。地方财政费是由日本的央地财政结构决定的，日本国内三分之二的行政事务由地方政府具体实施，但是财权集中在中央政府，这种财权与事权的不匹配导致中央财政每年都要向地方进行转移支付。这一方面体现了中央通过国民收入再分配对地方（特别是落后地区）的支援，另一方面也强化了中央对地方的引导和控制。特别需要注意的是，日本在防卫费用方面处于不断扩张的状态，2011 年以后大多数年份高于 5 万亿日元，2019 年更是高达 5.69 万亿日元。近些年，日本官方寻求突破“军费占 GDP 百分之一”的限制，今后将进一步增加军费支出。

特别会计预算是与一般会计分开列出、处理专项资金的会计预算，包括国家经营的特定事业会计预算（包括造币局、印刷局、邮政事业等营利性事业，以及道路、港湾建设、治水工程等非营利性事业）、国家运用特定的物资及资金的会计（如外汇资金和粮食管理等）、国家经营的保险事业的会计预算（如厚生养老金、国民养老金、森林保险、出口保险等）、国家进行投资贷款的会计预算（如产业投资、城市开发资金贷款等）、国家管理的特定资金的会计预算（如管理交付税及让与税分配金、国债整理基金及促进煤炭开发对策、煤炭及石油对策基金等）。①

政府有关机构预算是指由政府全额出资、政府经营但又未包括在特别会计中的企业或事业单位（基本上都是政策性金融机构）均须编制预算并实行预算管理，即“第二预算”。第二预算是凭借国家信用筹集的有偿性资金，诸如邮政储蓄、简易人寿保险、邮政年金等公共保险事业筹措的资金。日本政府以有偿形式筹措和运用的资金本质上属于金融领域的问题。但是，日本的财政与金融活动有着密切的联系：一方面，财政政策的推行需要借助政策性金融的力量，许多特别会计的资金便来源于政策金融系统；另一方面，政策性金融系统的运营也需要财政支持，如低息贷款的利息补贴便源自财政。②

二、日本的税收制度

税收是日本财政收入的主要来源，是财政政策的一个重要手段。

---

① 冯昭奎：《日本经济》，149—150 页，北京，高等教育出版社，1998。

② 张季风：《日本经济概论》，109—113 页，北京，中国社会科学出版社，2009。

现行日本税制是在第二次世界大战结束后，以“夏普劝告”为蓝本，逐渐形成并加以完善的。以征税主体划分，日本的税收制度包括国家税（即国税）和地方税（包括都道府县税和市町村税），国税的税源最为丰厚①。

以经济活动来划分，日本的税收种类包括所得税、消费税和资产税。20世纪50—60年代，所得税占整个税收收入的50%以上，70—80年代末上升到60%以上，1993年降至60%以下。所得税包括个人所得税和法人所得税。居于第二位的是消费税，20世纪50—60年代在税收总额中占将近40%，70—90年代比重降低，90年代以来比重恢复到四分之一左右。位于第三位的是资产税，20世纪50—60年代仅为税收收入的10%，70年代以来上升到15%左右，80年代为17%，90年代超过20%。②

如果从直接税与间接税的分类来看，占主体地位的是直接税，直接税约占日本税收总额的三分之二。以直接税为主的税制结构有两大功能：一是具有较强的自动调节机能，当经济快速增长、收入迅速增加时，税收自然增加；而当经济不景气、收入减少时，税收自动减少。二是缩小收入差距，这项功能突出体现在个人所得税方面。

值得一提的是，日本税制中还有“租税特别措施”，这是为贯彻

---

① 属于国税的税种包括个人所得税、法人税、继承税、消费税、酒税、香烟税、汽油税、天然气税、飞机燃料税、石油税、交易所税、有价证券交易税、关税、吨税、印花税、日本银行券发行税、汽车重量税、地方道路税（由中央财政征收后划拨给地方）和电源开发促进税；属于道府县税的税种包括道府县民税、营业税、不动产取得税、道府县香烟税、高尔夫球场及娱乐设施利用税、地方特别消费税、汽车税、矿区税、狩猎登记（执照）税、特别固定资产税、汽车交易税和轻油交易税；属于市町村税的税种包括市町村民税、固定资产税、轻型车辆税、市町村香烟税、电税、煤气税、矿产税、木材交易税、特定土地保有税、浴场（池）利用税、营业所税和都市计划税。参见张季风：《日本经济概论》，115页，北京，中国社会科学出版社，2009。

② 裴桂芬，马文秀：《战后日本的资产税改革与泡沫经济形成》，载《日本学刊》，2007（2），83—94页。

特定政策而采取的手段，属于基本税制以外的例外规定。在税制上采取一些例外性措施并不是日本特有的现象，但是日本特别措施内容之多、运用范围之广、所占分量之大，在主要发达国家中是绝无仅有的。日本的每一项租税特别措施都服务于一定的政策目的。由于各个时期面临的社会经济问题不同，政策的重点也不一样，租税特别措施所起的作用也不尽相同。从历史上来看，租税特别措施直接或间接地支持了家用电器、石油化学、电子机械、汽车、半导体、集成电路等新兴产业的发展，使日本在这些领域后来居上，实现了跨跃式的发展。[①] 2020 年 4 月，为了应对新冠疫情，日本连续实施了多项租税特别措施：一是延期缴纳税款，即允许总收入明显下降的企业缴纳国税、地方税和社会保障缴款的时间延长一年，而无须抵押和缴纳滞纳金；二是净经营亏损向前结转，即注册资本不超过 10 亿日元的中小型企业可以通过净经营亏损向前结转进行退税；三是中小企业用于远程办公固定投资税制，即中小企业购买用于远程办公的设备将计入资本投资，允许计提特殊折旧或税收抵免，以加强中小企业的经营管理；四是对因文化艺术/体育赛事的取消而放弃退款权利的观众可申请捐款扣除；五是经营实体可以更改是否缴纳消费税的选择，即如果在一段时间内（1 个月或更长时间），经营实体的总收入显著下降（与上年同期相比至少下降 50%），则允许该实体更改其是否需缴纳消费税的选择，而无论纳税期是否开始；六是豁免特殊贷款合同印花税，即对金融机构向受新冠肺炎疫情影响的经营实体提供优惠贷款的合同文件，免予征收印花税；等等。

---

① 张季风：《日本经济概论》，117—118 页，北京，中国社会科学出版社，2009。

第二节　日本的税制改革

在战后经济发展中，日本政府灵活运用税收制度，对经济实行了较为成功的宏观调控，保证了经济的快速、持续增长。但是，随着经济的发展和社会的进步，日本税收制度并没有进行及时、必要的调整。进入20世纪80年代以后，日本原有税制越来越不适应时代的要求。自20世纪80年代末以消费税的引进为开始，日本进行了一系列以财政健全化和经济活性化为目的的税制改革。进入21世纪以来，日本历届政府都对税制改革寄予了很高的期望，希望通过相应的税制调整应对经济不振。

一、日本税制改革的背景

第一，个人所得税负担加重，国民的不公平感加深。战后日本形成的以直接税为主的税制中，个人所得税收入一直占有较大的比重。如1985年个人所得税收入占全部税收收入的39.4％。也就是说，该年度国家税收收入中有近五分之二是从个人所得中征收的。再从税率来看，个人所得税实行的是累进税制，到1987年9月，其纳税等级共15级，税率为10.5％—70％。如果再加上地方税，适用于个人所得的最高税率将达到90％左右。此外，由于税收稽征体制的不同，工薪阶层、自我雇佣者、农民、政客的个人所得税相差很大。就个人所得税的征收而言，工薪阶层收入全额报告给税务当局，而自我雇佣者只需报告他们收入的50％，农民为30％，政客仅仅为10％。这种税制自然就严重影响了劳动者的劳动积极性。

第二，法人税税率较高，影响日本企业的竞争力。若从法人实际税率（法人税、法人事业税等税率的加权平均数）进行比较，1985年日本与美国分别为52.92%和51.18%，日本企业的实际税负看起来并不重，但如果考虑到美国1981年税制改革中引入的加速折旧等措施后，该比例就变成了51.61%和32.28%，日本比美国高出近20个百分点，这无疑会大大降低日本企业的国际竞争力。

第三，间接税比重偏低，税制设定不合理。战后日本间接税在国税中的比重逐年下降，已从1955年的48.6%降至了1985年的27.2%，几乎下降了一半。此外，这一比例远低于其他发达国家水平，如同期该比例在英国为46.1%，西德为54.6%，法国为60.5%。在间接税中，对消费实行的是针对个别物品分别征收的物品税，这种税制实施起来很烦琐，并且随着商品的日益丰富、消费种类及方式的日益多元化，很多消费尤其是服务性消费并没能及时被纳入课税范围，这对国家税收来说是一大损失。

第四，随着新兴产业（如金融业、房地产业、证券业、信息业及服务行业）的兴起，如何从税制上规范、管理这些行业，也成为政府迫切需要考虑和解决的问题。

二、日本税制改革的进程

第一阶段，20世纪80年代末的税制改革。面对税制存在的问题，再加之财政健全化的要求，经过长时间的认真研究和准备，中曾根内阁于1987年向国会提交了一套税改方案：一是降低个人所得税，主要通过简化税率结构（税率由10.5%—70%调整为10%—50%，纳税等级由15级简化为6级）和引进对配偶的特别扣除；二是将法人税实际税率从52.9%降低至50%以下；三是取消对小额储蓄者利息收入的免税；四是引进税率为5%的消费税。然而，这个方案一经提出便遭到了强烈的反对，主要是由于大多数人认为这一方案不符合“公平”的原则，它有利于高收入纳税人，而不利于中、低收入纳税人。同时，消费税的设立在民间引起了较大的反响，人们普遍认为这一税种的引进必然会降低民间的购买力，损害广大消费者的利益。最后，原计划中设立消费税等大部分内容被搁置，由国会通过的“税制改革法案”只是对个人所得税进行了局部调整。

接替中曾根内阁执政的竹下内阁基于当时日本国内经济发展的态势，对以引进消费税为主的税制改革继续进行了不懈努力，最终于1988年12月凭借执政党在国会的多数席位强行通过了税收法案。这一税收法案最主要的内容就是决定于1989年4月1日引入税率为3%的消费税。此外，它还进一步减少了个人所得税（税率调整为10%—50%，纳税等级简化为5级）和个人住民税（税率调整为5%—15%，纳税等级简化为3级），进一步削减和统一了法人税率，并且进行了其他一些税制调整。

总的来说，20世纪80年代末日本税制改革，特别是消费税的引入被认为是“夏普劝告以来第一次根本性的改革”，它对此后日本经济的发展和税制改革都产生了积极的影响。但这次税制改革也存在着不足之处，如改革造成中低收入者与高收入者之间税负的不公平，造成中小企业和垄断大企业之间税负的不公平。

第二阶段，20世纪90年代的税制改革。1994年2月，当时的细川联合内阁提出了一个税改方案以供讨论，其主要内容是废止消费税，创设税率为7%的“国民福利税”，但该方案一经提出就在联合执政的各党派之间引起了很大的分歧和争论，同时也遭到民间和在野党的强烈反对。细川内阁代之以在1994年内主要实行个人所得减税的方案。由于改革措施的有限，再加之细川内阁执政时间较短，这次税制改革对经济基本没有产生什么影响。

1994 年 6 月上台的村山联合内阁经过艰难的磋商与协调，于同年 9 月 22 日最终形成了一个税制改革大纲，其主要内容：一是个人所得税、个人住民税的减税和消费税率的提高；二是进行总额达 5.5 万亿日元的个人所得税、个人住民税减税，包括通过提高课税下限等方式进行 3.5 万亿日元的制度减税，其余 2 万亿日元则通过按 20%的比例减税；三是消费税率预定于 1997 年 4 月 1 日提高到 5%；四是废除消费让与税，从消费税收入中取出五分之一用于设立地方消费税。同年 11 月，国会通过了包含税制改革大纲内容的“税制改革关联四法案”，从而使这次税制改革正式成立并得以实施。

1996 年上台的桥本内阁提出了包括财政结构在内的六大改革，1997 年 4 月消费税税率终于如愿从设立时的 3%提高至 5%。消费税率的提高对经济产生了明显的抑制作用。在消费税率提高前的 1996 年，人们进行大量提前消费，目的就是尽可能把打算 1997 年以后的消费支出提前，避免消费税率变化所带来的损失。这就造成 1996 年度日本民间最终消费支出年增长 2.5%，而 1997 年度降低了 1.2%。

此后，1998 年 7 月上台的小渊内阁为了扭转经济的颓势，自上任伊始就研究税制改革问题。经过反复磋商与酝酿，在同年 12 月制定的 1999 年度税制改革大纲中，政府计划进行约 6 万亿日元的恒久减税：一是个人所得税的下调，主要是采取降低最高税率（个人所得税最高税率由 50%降为 37%，个人住民税最高税率由 15%降为 13%）和按比例减税（其中，个人所得税减税比率为 20%，个人住民税减税比率为 15%）的方式。二是法人税的减税，主要是采取降低基本税率的方式，如中央政府征收的法人税的基本税率由 34.5%

降为30%，地方政府征收的法人事业税的基本税率由11%降为9.6%。三是其他方面的减税。为了刺激民间消费和投资，政府进行了相应的税制调整，如用于住宅、土地消费的贷款的减税；购买节约能源汽车的交易税的减税；有价证券交易税的废除；等等。

第三阶段，21世纪以来的税制改革。进入21世纪，日本历届政府都努力推进税制改革。综合起来看，日本税制改革有4个方向：一是降低实际税率，减轻企业税负，增强企业国际竞争力。二是广征薄收，让所有人和企业都来分担社会公共费用。在法人税方面，减少税收优惠政策，严格把握课税标准；在个人所得税方面，减少税前扣除项目。三是促进科技创新，包括促进研究开发投资、促进产业创新等。四是提高间接税比重，特别是提高具有增税潜力的消费税的税率。21世纪初，日本政府确定了税制改革的大致进程：第一步是用大约2年时间恢复经济活力，税制对策包括重点实施投资减税政策，降低赠与税、遗产税等；第二步降低个人所得税起征点，扩大征税面，同时减少所得税累进档次等；第三步是以重建财政为目标，探讨提高消费税税率等问题。①

近些年，日本政府将提高消费税税率作为税制改革的核心议题。日本一直存在提高消费税税率的主张，但是由于消费税改革涉及中低收入阶层生活水平问题，故推进艰难。2012年2月，日本内阁会议通过了“社会保障与税制一体化改革大纲”，提出要通过提高消费税税率确保社会保障所需财源，同年8月通过消费税改革法案。根据该法案，消费税增税分为两个阶段，第一阶段是2014年4月税率提高至8%，第二阶段是2015年10月税率提高至10%。从实际进程来看，第一阶段进展比较顺利。2013年10月1日，安倍在内阁会

---

① 张季风：《日本经济概论》，144—146页，北京，中国社会科学出版社，2009。

议后的记者发布会上宣布将按期提高消费税税率。2014 年，日本消费税税率由 5%提高至 10%，实现自设立以来的第二次增税，同时将消费税增税收入用于补充社会保障。但是，第二阶段被推迟了 2 次，由原定的 2015 年 10 月延期一年半至 2017 年 4 月，又再一次延期两年半至 2019 年 10 月；2019 年 10 月 1 日，在进入令和元年之际，日本政府终于将消费税税率由 8%提高至 10%[①]。

经过多年税制改革，日本税收结构发生了显著变化。根据日本财务省公布的数据，1999 年度日本税收总额为 472345 亿日元，其中个人所得税为 154468 亿日元、法人税为 107951 亿日元、消费税为 104471 亿日元，以上三者分别占日本税收总额的 32.7%、22.85%和 22.12%；而到了 2020 年度，日本税收总额为 608216 亿日元，其中个人所得税为 191897 亿日元、法人税为 112346 亿日元、消费税为 209713 亿日元，上述三者分别占税收总额的 31.55%、18.47%和 34.48%，消费税已经是日本第一大税种。

表 3-3 日本消费税改革历程

日期	日本首相	主要内容
1989 年 4 月	竹下登	消费税正式设立，税率为 3%
1994 年 2 月	细川护熙	发布税制改革草案，提出废止消费税，创设税率为 7%的“国民福利税”；草案发布次日即被撤回
1994 年 11 月	村山富市	税制改革相关法案通过，提出所得税先行减税与消费税增税相配合，消费税税率提高至 5%，其中 1%为地方消费税税率

① 李清如：《日本消费税改革研究》，15—16 页，北京，社会科学文献出版社，2021。

续表

日期	日本首相	主要内容
1997 年 4 月	桥本龙太郎	消费税第一次增税，税率由 3%提高至 5%
2012 年 8 月	野田佳彦	消费税改革法案通过：2014 年 4 月税率提高至 8%，2015 年 10 月税率提高至 10%；消费税作为社会保障目的税，收入用于补充社会保障财源
2014 年 4 月	安倍晋三	消费税第二次增税，税率由 5%提高至 8%
2014 年 11 月	安倍晋三	将消费税税率上调至 10%的时间推迟一年半，由 2015 年 10 月延期至 2017 年 4 月
2016 年 6 月	安倍晋三	将消费税税率上调至 10%的时间推迟两年半，由 2017 年 4 月延期至 2019 年 10 月
2017 年 9 月	安倍晋三	变更消费税收入用途，提出构建全世代型社会保障制度，将增税收入的一部分用于支持教育无偿化等少子化对策
2019 年 10 月	安倍晋三	消费税第三次增税，税率由 8%提高至 10%

资料来源：李清如：《日本消费税改革研究》，14—15 页，北京，社会科学文献出版社，2021。

日本的税制改革仍未完成，未来面临的局面更加严峻。由于新冠疫情的冲击，日本经济呈现增长乏力的态势，企业经营状况较为严峻，民间消费长期低迷，金融系统出现了明显的不稳定状态。面对这样的形势，日本政府如果希望通过减税刺激经济，无疑会减少政府财政收入，使本已严峻的政府财政面临更艰难的境地。此外，改革意味着利益的再分配，必然会遭到既得利益集团的强烈反对和阻挠，会面临着重重障碍和阻力，其进程必将是漫长而艰难的。

第三节　日本的金融体系

金融体系是一个极其庞大的系统，主要由货币流通、金融机构、金融市场、金融工具及金融制度等要素构成。日本于明治初期建立了以银行为中心的金融框架。之后经历了昭和初期的金融恐慌、第二次世界大战后经济恢复等阶段，日本逐渐形成了以间接金融为主、分业经营的金融体制[①]。从金融组织的角度看，日本金融体系是以中央银行为指导、民间金融机构为主体、政策性金融机构为补充的模式。

一、日本银行

在第二次世界大战前及战争期间，日本银行具有极其强烈的国家统制色彩，没有独立的政策目标，其政策制定完全取决于政府的需要，央行内部的领导者也完全由政府任命或罢免，并且政府对央行具有广泛的监督权力，可以直接干预日本银行的各项业务。[②] 1949年，日本银行设立了“政策委员会”，从而获得了一定的政策决定权；1997年，桥本内阁启动金融体制改革，试图从法律层面予以日本银行真正的独立性，虽然此次改革有利于强化日本银行的独立决策，但是在年度预算决案、国际金融活动、干预外汇市场操作等方面仍旧规定了央行需要受到政府较强的制约。因此，时至今日，日本银行及其货币政策仍然受政府力量的强大影响，这在“安倍经济

---

① 张季风：《日本经济概论》，156页，北京，中国社会科学出版社，2009。

② 王华：《浅析新<日本银行法>下日本银行的独立性》，载《日本问题研究》，1999（2）：29—32页。

学”实施期间表现得非常明显。

从职能上看，与世界范围内其他中央银行的职能类似，日本银行也具有发行的银行、银行的银行和政府的银行三大职能：

第一，作为发行的银行，日本银行垄断了银行券的发行，是日本唯一的发行银行。日本银行发行的银行券是在一切交易中通用的不受任何限制的法定货币。与现代信用货币体系一致，日本银行发行的银行券与贵金属储备脱钩，发行银行券不必由金银等贵金属作为担保，但必须持有同额的资产保证，担保物品包括金银块、SDR、国际金融机构放款、外汇、票据、国债、政府放款、债券和其他有价证券或债权。另外，硬币作为辅币，同样也作为日本的法定货币进行流通。

第二，作为银行的银行，金融机构在日本银行开设经常项目账户，央行通过规定法定存款准备金率集中商业银行的存款准备金，防止商业银行无序放贷，保证存款机构的清偿能力，并且可以通过调整存款准备金率，借由货币乘数效应控制货币供给。日本银行可以通过公开市场操作的方式影响金融市场利率和金融机构设定的贷款利率，以此调整市场走向，稳定物价。当金融机构经营困难的时候，日本银行也可以根据需要向金融机构注入资金，充当商业银行的“最后贷款人”。

第三，作为政府的银行，日本银行作为中央银行与政府的财务活动发生多方面的关系，主要的有政府在中央银行设立存款账户，政府税收等财政收入、财政支出及国库资金的出纳都由日本银行代理；日本银行可以对政府贷款，但仅限于偶尔在年度末为政府提供短期贷款和承购政府短期债券。此外，日本银行还管理国库和国债的发行、偿还、付利、登记等事务，并且参与外汇买卖，同时办理一部分外汇、外贸及与外资有关的政府事务。①

二、民间金融机构

日本民间金融机构包括办理存款业务的金融机构和非存款金融机构两大类。其中，前者包括普通银行、长期金融机构、合作金融机构等，后者包括证券公司、保险公司、消费者信贷公司和企业信贷公司等。②

普通银行是日本金融体系的主体。普通银行与一般的商业银行类似，主要经营存贷款业务，还可以经营票据贴现、汇兑等一般金融业务，是日本金融体系的主体。根据规模、营业范围的不同，日本普通银行又被分为城市银行、地方银行及第二地方银行。城市银行主要是指以大城市为营业据点，同时在全国各地拥有大量分支机构，其服务对象往往是大型企业，上述特点使城市银行成为日本实力最强、规模最大的银行，在日本整个金融界处于中心地位，因此也被称为“主银行”。目前，日本国内城市银行有 5 家，即总部设在东京千代田区的三菱日联银行、瑞穗银行、三井住友银行及总部设在大阪的理索纳银行和总部设立在埼玉的理索纳银行，前三家银行实力最强，为当之无愧的“城市银行三巨头”，后两家实力相对弱小。③ 地方银行主要指的是规模较小的民间商业银行，它们将总部设在地方的中小城市，同时以总部所在地周围的一个县或两三个县为营业范围。地方银行所吸纳的存款规模也很大，而且个人存款占据较大的份额；其贷款业务也主要是服务于中小企业，与当地政府和

---

① 冯昭奎：《日本经济》，248—249 页，北京，高等教育出版社，1998。

② 张季风：《日本经济概论》，159—160 页，北京，中国社会科学出版社，2009。

③ 王应贵，娄世艳：《日本都市银行三巨头的国际经营效益及启示》，载《现代日本经济》，2020，39 (4)，50—60 页。

当地工商业关系密切。第二地方银行是由互助银行陆续转化来的普通银行，总部设在地方城市，主要业务是开展面向中小企业和个人的金融交易，与当地保持着比地方银行更为密切的关系。①

除普通银行外，日本从事吸纳储蓄业务的民间金融机构还有长期金融机构和合作金融机构。长期金融机构就是提供长期产业资金的金融机构，包括长期信用银行和信托银行两类。目前，长期信用银行已经完全转型为普通银行的经营方式；信托银行主要是办理各种信托业务，同时吸纳大众储蓄。合作金融机构主要包括为中小企业融资的金融机构（信用金库、信用合作社、劳动金库）和为农林渔业融资的金融机构（农业协同组合、渔业协同组合）。由于此类金融机构规模较小，为了强化行业内合作，提高成员间相互帮助的能力，日本还成立了信金中央金库、全国信用协同组合联合会、劳动金库联合会、农林中央金库等中央机构。②

三、政策性金融机构

政策性金融机构是日本民间金融机构的重要补充，也是日本金融体系的重要组成部分。日本政府以国家信用或财政投融资作为主要资金来源，成立了多个政策性金融机构。按照不同行业的融资需求，这些接受公共资金的政策性金融机构有“二行”“十库”，后来为了适应不断变化的经济环境，日本精简政策性金融体系，很多政策性金融机构被撤销或民营化，现在发展成为“二行”“六库”。“二行”指的是日本政策投资银行和国际协力银行；“六库”指的是国民生活金融公库、中小企业金融公库、住宅金融公库、农林渔业金融

① 冯昭奎：《日本经济》，240—242页，北京，高等教育出版社，1998。
② 张季风：《日本经济概论》，159—160页，北京，中国社会科学出版社，2009。

公库、公营企业金融公库和冲绳振兴开发金融公库。①

第四节　日本的金融监管改革

20世纪70年代前，在政府主导的选择性产业政策下，日本实现了经济高速增长，以限制竞争为核心的金融监管既保证了经济增长所需资金，又实现了金融体系稳定；受20世纪70年代英美金融自由化的影响，日本在20世纪70年代末进入渐进金融自由化阶段，推动了金融监管体制的改革；2008年全球金融危机爆发后，由于日本已经建立了相对健全的金融监管体系，有效降低了全球金融危机的冲击，近些年则开始推动金融监管转型。②

一、20世纪70年代后的金融监管改革

这一时期的日本金融监管制度改革分为两个阶段，第一个阶段是放松限制竞争的金融自由化阶段，第二个阶段是泡沫经济崩溃后的强化事后安全网和事前监督检查阶段。

日本在20世纪70年代后期开始渐进推进金融自由化，1979年7月开始放开利率限制，从定期存款到活期存款，再从存款利率到贷款利率，直到1994年彻底完成了利率自由化。1980年修订了1949年出台的《外汇及外贸管理法》，取消了国内外金融市场的限制。日本放松金融业务领域限制几乎贯穿整个20世纪90年代。1993年实施了《金融制度改革法》，在分业经营体制下，可以通过

① 张季风：《日本经济概论》，160页，北京，中国社会科学出版社，2009。

② 本节引用了裴桂芬教授的研究成果，编者进行了删减和修改。参见裴桂芬：《日本金融领域金融监管与竞争监管关系的演变》，载《日本问题研究》，2021，35（4），11—21页。

设立子公司形式参与其他业态的金融业务；1995年《保险业法》修订，保险机构不仅可以兼营生命保险和损害保险，还可以设立子公司兼营其他金融业务；1996年11月开始，时任日本首相的桥本龙太郎提出了包括经济、金融、社会保障、财政、教育和行政在内的六大改革计划，金融领域改革就是放松金融业务领域限制，提升日本金融业的国际竞争能力；1997年发布了《金融控股公司法》，综合性金融控股公司开始合法化，日本基本取消了各种限制竞争的规制措施，实现了金融业混业经营。

20世纪90年代泡沫经济崩溃后出现的严重金融危机迫使日本监管当局将重心转向事后安全网和事前监督检查。金融自由化之前，日本维持金融体系稳定的主要手段是限制竞争的事前防范措施。在放松利率限制和业务领域限制之后，审慎监管措施并没有得到有效跟进，事前防范风险的效果大大降低。泡沫经济崩溃后，大批问题金融机构的出现使大藏省惯用的行政指导失灵，银行不破产神话破灭。20世纪90年代后半期日本出现了严重的金融危机，引发了对大藏省金融监管的不满，1998年日本成立了金融监督厅，将大藏省的主要监管职责转移到新成立的金融监督厅，2001年金融监督厅升格为金融厅，成为内阁府的直属机构。金融厅的职责包括两个方面：一是建立以规则为基础的事前监督检查机制，二是重构事后安全网，发挥“消防员”职能，救助陷于崩溃边缘的金融体系。事后安全网重构的标志是1998年4月《日本银行法》的修订和金融三法的出台。修订《日本银行法》在提升日本银行政策独立性的同时，确立了事后安全网的最后贷款人及“特融”的法律依据；《存款保险法》修订、《金融机构再生紧急措施法》、《金融机能早期健全化紧急措施法》强化了事后安全网中的危机处理机制。这些措施曾是日本处理金融危机急需的“武器”和“弹药”，也为抵御2008年的国际金融危机奠定了基础。

二、2008年全球金融危机后的金融监管转型

2008年全球金融危机后，日本经济环境发生了重大变化：一是日本人口结构变化带来了个人和企业的资金需求下降，对银行的资金运用产生很大影响，尤其是人口向大城市集聚更加剧了地方金融机构的经营困境；二是近年来人工智能、金融科技和区块链等新兴技术融入并改变着金融业务，未来还可能出现更大变革，要求银行不断适应这种不确定性，针对急剧变化的金融环境做出相应战略调整；三是长期持续负利率政策使利差保持在1%左右，改变了传统金融机构的盈利环境。经济环境变化需要改变金融监管制度。实际上，自2004年开始，日本金融厅就提出金融监管重心要从“维持金融体系稳定”转向“激发金融体系活力”，从以规则为基础转向以原则为基础。这是由于传统的以规则为基础的监管是聚焦于对“形式”“过去”和“局部”的检查。其中，对“形式”的检查关注贷款的担保或保证等方面，容易忽视借款方的经营内容和满足客户需求等因素。对“过去”的检查是聚焦过去经营成果或绩效的资产负债表，不能把握适应顾客需求的经营状况。对“局部”的检查是以个别金融资产的风险核查为中心，忽视了在金融机构整体运行过程中的潜在重要风险。2007年，金融厅开始尝试建立规则监管和原则监管相协调的监管体系，在监管过程中尊重金融机构的自主性，激发金融机构的经营积极性。

2018年6月，金融厅发布了金融检查和监管的基本方针，取代实施了将近20年的检查手册。以原则为基础的监管方式是重塑政府

监管与市场约束的关系，将监管重心转向“实质”“前瞻”和“整体”，加深金融机构对重点问题的掌握，建立具有整体并具实效的最低执法标准，聚焦未来经营的稳健性。为实现监管目标，在金融厅机构改革中，取消了原来的检查局，将原来的总务规划局扩充为规划市场局和综合政策局。规划市场局是强化金融监管的战略规划和专业性，特别是提升金融科技发展背景下监管规划的水平和能力。综合政策局是强化金融厅的战略规划和综合调整，并且针对整个金融体系风险和横跨不同业态的课题采取相应对策。此外，监督局合并了原来独立的检查和监督业务，实现了现场检查和非现场监督的统一，成为监管机构与金融机构沟通的有效机制。

第四章　日本的产业结构与技术创新

第二次世界大战后，日本成为美国的盟国，可以很便利地利用美国和西欧的科技成果和新兴技术，从而不断地推动着国内产业结构升级。从历史进程看，战后日本的产业结构不断高级化，从“重厚长大”化升级为“轻薄短小”化，再升级为“信息”化。由于科学技术在产业结构升级方面的作用愈加突显，日本开始将科学技术视为“立国之本”，通过政府管理体制变革为科技进步创造良好的制度环境。但是，政府推动科技进步并不是在单纯的经济环境下进行的，而是要与一国特有的政治社会因素相协调，这造成了不同国家技术创新模式的差异，日本以“国家创新体系”模式推动技术创新，成为日本经济的一大特色。

第一节　日本产业结构的演进

产业结构是一个动态演变的过程，有一定的规律性。第二次世界大战结束到 1970 年，日本的产业结构以重化学工业化为主要特征；石油危机后，以重工业为主的产业结构开始向技术含量更高、能耗更少的方向调整，技术密集型产业得到进一步发展；20 世纪 90

年代后，随着信息技术革命的兴起和发展，日本产业结构开始IT化。此外，本书注重对日本实体经济和制造业产业结构的分析，故不涉及日本服务业的发展。

一、20世纪50—60年代："重厚长大"化

第二次世界大战后，日本实施了以消化和改进国外先进技术为主的"收获型"技术创新战略。1955—1970年，日本几乎引进了西方国家半个世纪以来开发的全部先进技术和科技成果。但是，由于这一时期日本的产业发展是建立在"战后重建"基础之上的，许多产业尚处于发展初期或十分薄弱，整体产业体系处于严重失衡的状态。此阶段日本产业升级更多地表现为产业间的升级，重化学工业居于主导地位。

第一，电力工业的发展。由于电力不足是制约战后日本经济发展的瓶颈，为摆脱这一困境，在廉价石油逐渐成为"关键生产要素"的情况下，日本政府采取了向"火主水辅""油主煤辅"的能源结构转变的策略，[①] 而这一阶段的技术引进也发端于此，旨在用现代化的科学技术改造电力工业，以实现火力发电的大容量化。通过吸收和改进，到70年代上半期，日本已经自行设计和制造发电容量达70万—100万千瓦的大型电机机组，1955—1973年日本的总发电量从652亿千瓦增长到4703亿千瓦，其中火力发电量的占比也从26%上升到83%。1955—1978年，日本的发电量增长了7.5倍，远高于国民生产总值的增长幅度（5.2倍）。[②]

第二，石油精炼工业和石油化学工业的发展。火力发电对重油

---

① 金明善：《战后日本产业政策》，271页，北京，航空工业出版社，1988。

② 金明善：《日本现代化研究——日本现代化过程中的经济、政治、文化、社会问题探讨》，325—326页，沈阳，辽宁大学出版社，1993。

需求的大幅度增加倒逼着石油精炼工业的发展。在精炼设备大型化以降低石油精炼成本和建厂造价的基础上，1975 年日本的炼油厂增至 49 个，日处理原油能力达 586 万桶，分别比 1960 年增长了 1 倍和 8 倍。在这一产业的带动下，日本石油化工工业也呈现大发展，尤其是其中用途最广的基础原料——乙烯生产的发展，而且这一迅速发展又促进了以其为原料的石油化工产品二次加工（如聚乙烯等合成材料、乙醛等基本有机原料）企业的兴起。[①]

第三，钢铁工业的发展。钢铁工业的发展是通过三次合理化计划期间的大规模技术改造实现的。在第一次合理化期间（1951—1955 年），日本富士通和八幡钢铁公司通过与美国阿姆科公司签订钢板轧制技术协作协定，带动了轧钢设备的大规模引进。[②] 与此同时，日本还通过引进矿石预处理设备，改进了炉型、扩大了炉窑等炼铁设备，以及改造了旧式平炉等炼钢设备。通过这一期间的技术改造，日本的钢铁生产能力从 678 万吨提高到了 979 万吨。第二次合理化期间（1956—1960 年），通过对老工业基地的技术改造和设备更新，日本钢铁工业生产的粗钢产量由 979 万吨增加到 2300 多万吨。第三次合理化期间（1961—1970 年），日本投资并兴建了一批具有大容积高炉、氧气顶吹转炉和连铸连轧机组，以及计算机管理和控制系统等最新技术装备的钢铁联合企业。至此，日本的炼铁技术、炼钢技术和轧钢技术等均达到世界一流水平。[③]

第四，汽车工业的发展。在发展汽车装备技术、将外国车型“日本化”的过程中，日本确立了发展小型车的策略。1955 年，丰

---

① 金明善：《战后日本产业政策》，273 页，北京，航空工业出版社，1988。

② （日）有泽广巳：《日本产业百年史（下册）》，48 页，日本，东洋经济新报社，1975。转引自金明善：《战后日本产业政策》，274 页，北京，航空工业出版社，1988。

③ 金明善：《日本现代化研究——日本现代化过程中的经济、政治、文化、社会问题探讨》，339—340 页，沈阳，辽宁大学出版社，1993。

田汽车公司迈出了国产小汽车生产的第一步。进入高速增长期后，缸体加工自动仪、冲压自动线、精密铸造法、铝压模等技术的引进和联邦德国转子发动机专利的引进与改造极大地提高了日本汽车的质量和性能，日本的汽车产业得到了大发展，并且于20世纪60年代初挤入国际市场。此后，在从意大利引进车身设计和小汽车内外装修技术、从美国引进控制汽车燃料蒸发装置的制造技术的基础上，日本汽车节能化和小型化技术得到强化，其竞争力进一步提升。

二、20世纪70—80年代："轻薄短小"化

第二次世界大战结束后，全球迎来新一轮的科技革命，以原子能利用为主的新能源技术、微电子技术、电子计算机技术、空间技术、生物工程技术、新材料技术等得到快速发展。但是，这些新兴技术真正对日本产业升级产生影响则是在20世纪70年代之后。在这次科技革命推动下，日本"重厚长大"的产业结构开始变化。

微电子技术引进后，日本的集成电路产业取得了飞速发展，产值从1970年的110亿日元迅速增至1985年的33480亿日元，年均增长率高达46.4%；这一产业的发展进而又推动了以其为核心的电子计算机产业及通信机械、家庭用电器等产业的快速发展，同一时期的年均增长率均在10%以上，分别达到19.0%、10.4%、12.3%。[①] 在主要的工业产品中，与微电子技术密切相关的通信电子部件、计算机、电视音响器具、通信机械、电气仪表、仪表器具、光学机械等信息机械和精密加工组装部门产品的生产指数增长速度最为明显。从附加值来看，1984年电气机械器具制造业在整个制造业附加值中的比重比1973年增加了6.62个百分点，精密机械器具

① （日）矢野恒太记念会：《数字でみる日本の100年》，264—265页，日本，国势社，2006。

制造业也增长了0.32个百分点。由于这些产业的产品体积小、分量轻，因而推动了日本产业整体上的“轻薄短小”化，尤其是集成电路，属于典型的“轻薄短小”产品。按每公斤价格计算，集成电路的价格相当于计算机的2倍、彩电的60倍以上；[①] 若按每吨计，钢铁价格为10万日元，封装好的集成电路为1亿日元，未封装的集成电路芯片为30亿日元。因此，相对于钢铁的“吨产业”，集成电路产业被称为“克产业”。

“重厚长大”型产业在科技革命的推动下面临着三种命运：一是在微电子技术、电子计算机、新材料技术等的改造下具备了“轻薄短小”的特征，如轻型轿车。[②] 二是通过与微电子技术和计算机技术的结合中产生“融合型”产业，如数控机床、工业机器人等机电一体化产业。[③] 三是对于钢铁、造船、石油化工、塑料、纺织等产业，在微电子技术、电子计算机、数控机床、工业机器人、新材料等的改造下，依旧通过设备更新和产品换代，提升和促进了生产的自动化水平和产品的高附加值化。

三、20世纪90年代后：“信息”化

信息技术革命使日本经济社会发生根本改变并进入崭新阶段，[④] 其内容可以概括为“3A”（工厂自动化、办公自动化、家庭自动化）、“3C”（通信、计算机和控制的结合）、“3D”（数字传输、数字交换和数字处理的结合）。

---

① Kunio Yoshihara, *Japanese Investment on Southeast Asia* (Honolulu: University of Hawaii Press, 1978) 134.

② 沈贵进：《日本的新技术革命：动向、特征和影响》，载《亚太经济》，1985（3），14—18页。

③ （日）武田晴人：《日本の情報通信産業史——2つの世界から1つの世界へ》，109页，日本，有斐阁，2011。

④ 白雪洁：《“IT革命”与日本的产业竞争力》，载《日本学刊》，2001（3），46—62页。

产业结构信息化有两层含义。第一层含义是IT革命直接催生信息产业，在日本包括生产以信息技术为基础的计算机、移动电话、光缆和各种网络终端设备等的信息通信设备制造业，在IT产品武装和改造下形成的以互联网和移动通信为主要通信系统的信息通信业，以及利用前述技术、产品和现代化通信系统开展信息和相关服务的信息服务业。[①] 随着IT技术浪潮的推广和产业化，20世纪90年代后信息产业逐渐发展成为日本发展最快的产业部门之一，这一期间的年均增长率高达3.57%，而且基本上呈现逐年递增的走势（2009年除外），2006年更是超越批发商业成为第一大产业部门，而其他主要产业则呈现停滞或下降趋势。第二层含义是利用信息技术改造传统产业，也即传统产业在生产过程中引进信息技术或接受信息服务企业提供的服务等，[②] 这可用各产业和各企业在运营过程中进行信息处理所使用的经费来衡量。在信息技术革命的推动下，各产业对信息的利用在不断增加，尤其是1995—2005年，无论是制造业还是非制造业，均增加了对信息的利用，增加了硬件、软件、信息服务及通信设备等的使用，而且花费在这部分的经费在其收入中的比重在不断上升，特别是软件相关经费占比的不断走高（由2007年的30.2%一直增加至2016年的38.5%），说明日本产业结构在持续地“信息化”。

第二节　日本的“科技立国”战略

技术进步是产业结构变动的重要决定性因素。第二次世界大战

① 方爱乡：《论日本信息社会的建设与发展》，2页，大连，东北财经大学出版社，2009。
② 薛敬孝，白雪洁：《当代日本产业结构研究》，55页，天津，天津人民出版社，2002。

结束后，日本的技术水平与美欧发达国家的差距很大。在 20 世纪 50 年代和 60 年代，日本主要依靠技术引进来发展自己的产业和经济，大规模技术引进使日本迅速缩小或消除了与美欧的技术差距。但是，由于依赖技术引进，日本在自主创新方面有很大不足。20 世纪 60 年代末 70 年代初，日本的技术引进时代终结了，随后开启了技术自主创新时代。因此，20 世纪 70 年代以后日本技术创新的着眼点已经不再是缩小与美欧的差距，而是超越美欧拥有的同类技术，发展适合本国产业和社会特殊需求的技术，自主研发美欧不肯出口给日本的最尖端技术。[①]

一、“科技立国”战略的提出

1977 年 5 月，日本科学技术会议发表第 6 号答询报告，提出“科技立国”概念。该报告称：“科学技术一直是过去解决各种课题和建设现代社会的动力，当前解决面临的一些问题，开创新的未来，科学技术的作用也是巨大的，特别对于资源缺乏、国土狭小的日本来说，……振兴科学技术至关重要。”[②] 但“科技立国”开始实施是 20 世纪 80 年代之后，而实质性推进则是在 20 世纪 90 年代中期。受泡沫经济崩溃的影响，日本经济陷入长期萧条，加之国际经济竞争日趋激烈，日本政府强调要彻底告别“模仿与改良的时代”，1995 年通过了《科学技术基本法》，随后制订《科学技术基本计划》，1995 年成为日本“科技立国”战略的元年。[③] 进入 21 世纪以来，日本进一步调整科技创新政策，大力推进基础科学研究，不断加大财

---

① 张季风：《日本经济概论》，225—226 页，北京，中国社会科学出版社，2009。

② 俞贞贵：《中国科技兴国和日本科技立国内涵和背景的比较》，载《日本学刊》，1992（1），119—129 页。

③ 日本科技创新态势分析报告课题组：《日本科技创新态势分析报告》，1—3 页，北京，科学出版社，2014。

力投入，更加重视人才培养，创新科技管理体制，激发产学各界的创新潜能。

日本出台“科技立国”战略的国内外背景：首先，经济增长乏力是内部原因。20世纪70年代中期，日本经济进入稳定增长阶段，面临着经济结构性减速后寻找新的增长动力源的问题。而日本政府可用于推动经济增长的手段越来越有限，只能通过提高全要素生产率来推动经济增长，而提高全要素生产率不仅需要进行结构性改革，将有限的资源（劳动力和资金）从低生产率部门转移到高生产率部门，而且更重要的是要加大研发投入，为经济增长打造新的“引擎”。其次，日美贸易摩擦和国际经济竞争压力加大是外部原因。自20世纪70年代后期起，日本超强的经济实力对其以引进技术为主的科技政策构成挑战，原因在于日本与美国的贸易摩擦日益加深，美国要求日本更大程度地开放本国市场，改变国际贸易的收支不平衡。因此，日本有必要转变科技发展策略，更加重视科技创新在经济发展和对外贸易中的作用。最后，赶超效应日益衰弱也是重要原因。第二次世界大战结束后，日本的工业技术水平相当落后。① 20世纪50年代之后，日本采取了多种不同方式引进、消化、吸收了大量的西方先进生产技术②。然而，进入70年代后，日本与西方发达国家的技术差距越来越小，在一些技术领域甚至有超越美欧之势，日本通过技术引进实现经济赶超的目标已经实现，继续通过技术引进推动经济增长的空间越来越小。正如日本资深经济学家井上启次

① 二战刚结束时，日本造船技术落后美国30年，钢铁技术落后美国20年，纺织技术落后美国10年；从劳动生产率看，日本的煤炭和化学工业仅相当于美国的5%，橡胶工业为10%。参见刘湘丽：《日本的技术创新机制》，6页，北京，经济管理出版社，2011。

② 在这一时期，日本通过消化西方的科学技术成果成功超越了西德，成为仅次于美国的资本主义世界第二大经济强国。其中，日本电力机械、加工机械、化学和钢铁部门的技术引进数量占了全体的70%以上，而从美国引进的技术占引进总数的三分之二以上。参见刘湘丽：《日本的技术创新机制》，8页，北京，经济管理出版社，2011。

郎所言，“日本已经跻身世界经济强国之列，不能再从别人那里照搬什么了，因为你已经站在了前沿；你必须在科学上有独创，有自己的技术突破；否则，日本的产业将不会创造奇迹”①。

二、科技管理体制的变革

为促进“科技立国”战略的实施，日本政府进行了科技管理体制变革，以此作为“科技立国”战略的制度保障。

（一）为科技战略立法，完善顶层设计

实行科技创新立法，完善科技战略规划是日本“科技立国”战略的顶层设计。1995 年 11 月，日本出台了《科学技术基本法》，成为日本科技政策的基本框架，也是日本面向 21 世纪实现“科技立国”、强力推进科技振兴的纲领性法律，并且以该部法律为依据每五年制订一部《科学技术基本计划》。从 2020 年 6 月开始，日本对《科学技术基本法》进行修订，更名为《科学技术创新基本法》，其目的旨在增加人文社会科学和创新创业的内容。在日本看来，人文社会科学的“知识”与自然科学的“知识”日益融合成“综合知识”，科技创新政策不仅要促进科学技术发展，还要创造社会价值，从而使科技政策更加全面地了解人类社会及要解决的问题。基于此，2021 年 3 月日本内阁通过了《第六期科技创新基本计划（2021—2025）》。该计划将原来的“科学技术”变为“科技创新”，指出每个国家都在制定科技创新政策，竞相提出各种倡导全球合作的方案和理念，同时扩大国内改革和科技投资以增强本国竞争力，日本不能落后于这个趋势。根据《第六期科技创新基本计划（2021—

① 日本科技创新态势分析报告课题组：《日本科技创新态势分析报告》，6 页，北京，科学出版社，2014。

2025）》，日本政府将倾力打造实现“社会5.0”的科技创新政策，包括转型为可持续和有弹性的社会，保障国家安全；强化科研力量，培育前沿知识，成为价值创造源泉；完善教育体制和促进人力资源开发。

（二）改革行政体制，成立专门机构

在2001年政府机构改革前，日本政府的最高科技审议机构是“科学技术会议”，但是该机构的权力很有限；而具体负责科技创新活动的通商产业省、文部省和科学技术厅各有其责，职能不同，甚至存在竞争关系。2001年，日本实施内阁改革，设立法律地位高于各政府部门的内阁办公室，成立了专门的研究机构，即负责科学技术的“综合科学技术会议”，设置科学技术政策担当大臣。在法律地位上，综合科学技术会议由内阁总理大臣领导，实际上由科学技术政策担当大臣具体负责，其规模、组织、权威、职能及发挥的作用都远超科学技术会议。① 其职责是研究国家所面临的重大科技课题，涉及政治、经济、工业、农业、城市、农村、文化、交通、环境卫生、社会福利等各个领域。与此同时，行政体制改革也朝着有利于推动科技创新的方向发展，原本各负其责的文部省和科学技术厅被合并为“文部科学省”，这对打破原有机构隔阂、推进各部门科技合作起到了巨大的推动作用。

（三）产官学协同，各单元良性互动

为了顺应现代科学技术的复杂化、综合化和集成化趋势，日本政府大力鼓励各创新单元（国立科研机构、大学、私营企业）之间的协调互动。“科技立国”的核心在于把科学技术的成果转化为企业

---

① 日本科技创新态势分析报告课题组：《日本科技创新态势分析报告》，11页，北京，科学出版社，2014。

的现实生产力，要完成这个转化，就必须有一个适应“科技立国”战略的“企业科研战略”。私营企业，特别是大型跨国公司也是日本科学技术的重要创新者，是日本应用研究和实验开发的重要基地，是日本科研体制的重要组成部分。由于企业的研发活动直接同生产、管理、销售等部门密切联系，因此日本企业在应用研究和实验开发上具有天然优势，并且更多地倾向于将多种现有技术或改良技术融合在一起，产生能够替代原有技术的新型“杂交技术”。在企业科研、国立科研机构和大学之间的关系上，企业的科技研发占有主导地位，国立科研机构和大学发挥辅助作用。角色分明的定位不仅没有阻碍三者之间的配合，而且促进了日本“科技立国”战略的有效实施，因为日本政府对于三者关系的协调起了重要作用：首先，日本政府大力促进国立科研机构和大学的研究成果向企业界转移。其次，日本政府鼓励企业界与国立科研机构、大学共同进行科研攻关。再次，日本政府提出国家产业技术战略，对企业界、国立科研机构和大学的科研方向给予指导。最后，日本政府促进科研基础设施的共同利用，改善各自科研成果产业化的政策环境。[①]

三、“科技立国”战略的效果

（一）科研经费总体投入逐渐加大

自从“科技立国”战略实施以来，日本政产学研各界的科研经费投入不断上升。从总体上看，日本的科研经费投入已经达到世界前列，研发投入强度一直很高，仅从2007年来看，日本的研究开发费用约为18.9万亿日元，占GDP的3.67%，这一数字超过了美国

① 日本科技创新态势分析报告课题组：《日本科技创新态势分析报告》，42—43页，北京，科学出版社，2014。

的 2.62％、德国的 2.53％、法国的 2.11％和英国的 1.78％。在各种科研投资主体中，日本政府的作用尤为突出，因为科技预算可以在很大程度上影响企业及整个社会的科技发展方向。根据文部科学省数据，日本政府的科技预算呈逐年增长态势（见表 4-1），从 2015 年的 34776 亿日元增长到 2020 年的 43787 亿日元。考虑到日本政府的财政压力，这种科研投入力度表明日本确实是将科技作为立国之本来对待的。

表 4-1　日本政府的科学技术预算　（单位：亿日元）

项目		2015 年	2016 年	2017 年	2018 年	2019 年	2020 年
一般会计中的科技预算		29467	28155	28384	30515	34182	35693
其中	科学技术振兴费	12857	12930	13045	13715	13597	13639
	其他研究费	16610	15225	15339	17340	20584	22054
特别会计中的科技预算		5309	7514	7497	7908	8237	8094
合计		34776	35669	35881	38423	42419	43787

数据来源：日本文部科学省《2020 年科技创新白皮书》。

（二）基础研究和企业创新能力大幅增强

一般认为日本倾向于应用研究和开发研究，但这仅是日本的总体状况，具体到各研究主体，情况会有很大不同。企业是日本研究开发投入的最大主体，其投入重点自然是开发研究，而大学和公立研究机构的投入重点则是基础研究，日本政府的研究经费主要投向了大学和国立科研机构，其使用方向主要是各学科的基础理论、宇宙探索及深海开发等高风险领域。尽管日本政府在科研经费方面的投入仅有两成左右，但其效果是显著的，日本学者不仅连续多年获得诺贝尔奖，而且在核能、航空航天、深海探索和众多基础研究领域取得突出成果，这大多是政府科研经费投入的结果。

自 20 世纪 90 年代中期以来，日本企业进入了自主研发技术占主导的阶段，各行各业不断研制新产品、新技术。2005 年，日本的“技术集约型”行业有医药品、电子机械、运输机械、一般机械和化学，[①] 这些行业的高科技设备投资增幅加大，科技研发投入逐年增加，逐渐形成了以制造技术为中心的渐进式创新模式，有效地缩短了与其他先进国家的技术差距。

（三）在全球价值链中处于上游地位

日本在全球价值链中的上游地位突出表现在对信息通信产业核心技术和部分传统产业核心零部件的控制力上。电子信息产业是产业链较长且进入壁垒较高的技术密集型制造业，一个完整的电子信息产品制造流程需要各国资源和技术的相互补充，而日本在半导体制造方面（包括生产设备、核心零部件和关键材料等）拥有很强的优势。以我国华为公司为例，根据 2018 年数据，华为在全球有 92 家核心供应商，其中有 65 家公司被视为“金牌供应商”，而日本有 10 家公司入选。[②] 它们全部处于产业链上游并掌控着核心零部件的供应，如索尼是华为手机摄像头及感光元件供应商，广濑电机是华为连接器及相关组件供应商，住友电工向华为供应光通信器件，东芝存储为华为提供闪存产品，三菱电机主要与华为在智能制造方面进行合作。

近年爆发的日韩贸易争端从反面说明了日本在全球价值链上的

---

① 刘湘丽：《日本的技术创新机制》，18—21 页，北京，经济管理出版社，2011。

② 根据华为 2018 年公布的核心供应商名单和《华为供应商报告（2020）》，这 10 家日本企业分别是索尼、古河电工、广濑电机、住友电工、联恩电子、Sumicem、村田制作所、东芝存储、富士通和三菱电机。

上游地位。2019 年 7 月，日本宣布加强对韩国的出口管制措施，内容涉及两个方面：一是高科技产业领域的半导体关键材料（光刻胶等），二是传统产业领域的核心零部件和战略物资，包括化学药品、电子零部件、机械、车辆用电池、碳纤和通信仪器等。日本之所以选择这些领域，是因为韩国的机械、电子产品、精密仪器等产业都不同程度地依赖日本的技术和材料。从效果看，日本的制裁措施导致韩国半导体设备出口额下降 55.7%，金属加工机械出口额下降 50.5%，光学精密仪器和有机化合物则分别下降 32.6%和 24.5%。[①]

第三节　日本的技术创新模式

技术创新并不是在纯粹的经济环境下发生的，而是需要社会为其创造良好的外部环境。也就是说，技术创新的过程是在与组织创新、管理创新、制度创新等的协同互动中实现的。在日本，这一过程是在由政府、企业、大学、科研机构及创新主体联盟等构建的国家创新体系中实现的。近些年，日本开始推动创新生态系统建设，试图进一步激发社会的创新活力。

一、技术创新的经济学分析

在经济思想史上，不同时代的不同学者从不同角度对技术创新进行了研究，形成了创新经济学的不同流派。根据洪银兴、安同良和孙宁华的研究和总结，亚当·斯密最早阐释了技术创新对经济增

① 朴光姬，李天国：《日韩贸易争端的起因、走向及启示》，载《东北亚学刊》，2020（2），76—88 页。

长的作用，马克思、熊彼特、演化经济学派（包括“新熊彼特主义者”）等都对创新经济学做出了重大理论贡献。

其一，亚当·斯密经济学的中心思想是“财富的增长源于分工”，而分工之所以能促进经济增长，一个重要原因是分工有助于劳动者技能的提升和新机械的发明，从而提高劳动生产率。在这里，劳动者能力的提升和新机械的发明都与技术创新有关。同时，斯密还意识到分工受制于市场容量及范围，用现代经济学术语表达就是“技术创新受市场规模限制”，这一观点被后人概括为“斯密定理”。

其二，继斯密之后，马克思吸收了古典政治经济学的科学成分，最早把技术创新视为经济发展的推动力，并且对技术进步的经济社会后果进行了探讨，提出了相对剩余价值生产理论、资本有机构成理论、资本积累理论等。全球著名创新经济学家弗里曼认为，“马克思恐怕领先于其他任何一位经济学家把技术创新看作经济发展与竞争的推动力”，但马克思更加注重的是技术创新对资本积累和各阶级之间利益关系的影响。

其三，熊彼特提出并系统阐述了“创新促进经济增长并导致资本主义不断演化”的命题。熊彼特认为，资本主义本身就是以创新为核心动力的动态均衡过程，创新是企业将新产品、新工艺、新市场、新原料、新组织引入生产体系，从而建立一种新的生产函数的过程。来自企业内部的技术创新可以使其获得超额利润，由于此时在市场上还没有竞争者，这种垄断地位给企业带来巨大的竞争优势并促使其不断壮大。但是，创新一旦成功，必然引起广泛的社会模仿，随着模仿者的大量进入，社会迎来一波又一波的创新浪潮或集群式创新，这将带来产业结构的演变和经济的繁荣。而原来的企业垄断地位会被削弱，为了获得新的超额利润，企业会再次实施创新，由此保持资本主义经济的不断发展。从结果来看，创新将导致“创造性毁灭”，即创新在促使创新企业的潜在利润变为现实利润的同时，也使一批旧企业在此过程中被淘汰，不断创新带来不断毁灭，资本主义就是在这种类似于“生物群落演替”的过程中得到了发展。

其四，演化经济学派成为当今研究技术创新理论的最重要学术流派之一，由于演化学派继承了熊彼特关于创新和资本主义经济发展的基本思想，因此很多演化经济学家也被称为“新熊彼特主义者”。理查德·纳尔逊（Richard Nelson）和悉尼·温特（Sidney Winter）在《经济变迁的演化理论》这部经典著作中系统阐述了经济演化的思想，构建了技术创新、产业变迁和经济增长的一般演化模型。他们借鉴了达尔文的进化论思想，将企业类比为生物有机体，将企业惯例类比为生物遗传基因，将企业在市场上对市场份额的竞争类比为生物界的自然选择过程，盈利的企业将增长扩大，不盈利的企业将收缩衰落，直至被淘汰出局。①

二、日本的国家创新体系

“国家创新体系（National Innovation System，NIS）”的概念由英国著名经济学家克里斯托夫·弗里曼于1987年首次提出。② 尽管目前学术界对“国家创新体系”尚未形成统一定义，但对其根本

---

① 他们认为，企业要在竞争中不断扩大自己的优势和在行业中所占的份额，或者当企业在市场竞争中处于不利地位、不能保证自身继续存在时，就要改变原有的惯例，这既包括从已知的惯例中寻找适合自己需要的（“搜寻”），也包括通过研究与开发去寻找原来没有的惯例（“创新”）。因此，创新意味着改变原有的惯例，这将使创新者相对非创新者具有较大的竞争优势，从而获得较多的利润。但这种情况只能是暂时的，非创新者也可以进行创新或模仿，后来者可以逐渐赶上先进者，先进者会逐渐失去自己的优势。

② （英）克里斯托弗·弗里曼：《技术政策与经济绩效：日本国家创新系统的经验》，引言与提要，张宇轩译，南京，东南大学出版社，2008。

特征已经达成共识，即强调创新主体间的互动和联系。[①]

就日本国家创新体系而言，最大的特点是“产官学协同”。其中，“产”指的是产业经济主体，或者说企业，主要在科技成果产业化方面发挥作用。“学”指的是大学，向“官”和“产”输送优秀人才和提供创新源。自1950年日本政府制定《外资法》，鼓励引进先进技术开始，日本就在不断地构筑和完善国家创新体系[②]。从运转过程来看，官产学各司其职并形成一个效率极高的联盟。

第一，政府部门在日本国家创新体系中居于主导地位，是制度的构筑者。政府的主要职能：一是制定法律规范指导和促进科技发展，并且调动科技界、企业界和教育界的积极性、主动性，使其沿着政府既定的科技发展目标进行科技研究与开发，以将科技发展与经济发展统一起来。二是对经济发展和技术发展进行统一规划，并且为实现这一规划制定配套的政策、制度和措施等。三是利用专利保护或对企业研发活动的财政激励（直接的研究开发补贴、税收优惠政策或融资优惠安排等）等措施激励和促进创新[③]。

第二，企业在日本国家创新体系中发挥主体作用。企业不仅是市场经济中的行为主体，更是技术创新的主要承担者。日本的企业始终位于国家创新体系的核心主体地位，尤其是各行业中的大企业，不仅设有自己的研究机构，而且往往掌握着本行业最先进的技术水平。

第三，大学和科研机构是日本国家创新体系的知识库和创新源。作为高等教育机构，日本的大学（包括国立、公立和私立大学）不仅担负着教育和培养科研型人才和高技能人才的任务，还多设有研

---

① 陈劲，王焕祥：《演化经济学》，204页，北京，清华大学出版社，2008。
② 卢娜：《日本国家创新系统评析》，载《日本研究》，2002（2），1—5页。
③ 麦丽臣：《日本政府在国家创新系统中的作用》，载《日本研究》，2003（4），7—13页。

究所，承担着基础研究工作，在国家创新体系中发挥着十分重要的作用。包括国立研究机构、公立研究机构、民间非营利研究机构和特殊法人等在内的日本科研机构使用了约一半的政府研发经费支出，它们主要从事与产业技术密切相关而大学又难以进行的基础研究，以及具有公共产品性质的研发活动等。①

第四，官产学联盟是日本国家创新体系的基石。各创新主体间的相互合作是国家创新体系的核心体现，制度创新、技术创新、知识创新等的行为者（政府、企业、大学和科研机构等）之间结成的联盟是国家创新体系的“核心竞争力”。日本政府早在20世纪50年代就开始推进官产学联盟合作形式，此后不断加强官产学之间的联系和合作力度。1982年7月，第二次临时行政调查会提出要“加强产学官的合作”；1984年11月的科学技术会议则对“产学官”做了较为详尽的阐述，并且将其确定为日本科研体制的一种模式②。此后，日本出台了一系列相关的制度和相关法律促进官产学联盟的发展③。

三、日本的创新生态系统建设

进入21世纪以来，特别是2008年全球金融危机之后，国家创新体系的弊端开始突显。日本制造业中高科技产品暴露功能过剩、成本过高、国际市场地位下降、过度依存本国市场等问题，其症结

---

① 张俊芳：《日本国家创新系统的历史演进（下）：二战后》，载《中国青年科技》，2007（8），41—60页。

② 张利华：《对日本“产学官”合作的科研体制的考察》，载《科研管理》，1992（2），59—64页。

③ 例如，日本政府出台了“产学教育制度”“下一代产业基础技术研究开发制度”“官民特定共同研究制度”“新技术委托开发制度”等，以指导和推进协作研究活动的顺利开发；此外，通过设立大量的“从中央到地方、从国外到国内”的信息机构形成了一套完整而系统的科技信息网络，旨在广泛收集和加工信息，进而为产学官协作提供情报和信息。参见卢娜：《日本国家创新系统评析》，载《日本研究》，2002（2），1—5页。

在于日本企业固守封闭式创新模式，主要表现为秉承“独立主义”、对尖端技术过度自信、与外部技术交换水平过低、风险投资发展迟缓及封闭的垂直统合型分工体制[①]。基于此，日本政府开始改革并寻找新的创新模式，并且将目标确定为“创新生态系统”。

（一）创新模式3.0：创新生态系统

从历史演进角度看，技术创新模式从强调单个企业内部自主研发的线性模式（创新1.0）过渡到了以产学研协同为核心的国家创新体系模式（创新2.0），并且逐渐发展为多领域主体深度融合的创新生态系统模式（创新3.0）。[②] 一般而言，创新生态系统是指以发明成果产业化为目的，特定时空范围内的所有创新主体（即创新群落）与创新环境之间通过物质循环（实物资本和人力资本）、能量流动（资金和技术）和信息传递（市场需求和用户体验等）等互动作用形成的创新共同体；其形成逻辑为创新主体以创新种群为基本生存单位，不同创新种群通过共生机制形成创新群落，创新群落与创新环境互动形成创新生态体系。[③] 创新生态体系的主要特征有三个：一是创新主体多样化。创新活动不再局限于企业或市场内部，而是依赖于市场与政府等多领域主体形成互补性协作体系，亦即实现创新主体的多元联动与融合。二是创新行为共生化。创新主体以“竞合共生”为行为导向，在创意发现、产品设计和价值实现等环节通力合作，也就是通过跨组织协同解决创新资源的匹配问题。三是创新目的综合化。创新不再单纯地追求利润最大化，而是以可持续发

① 李彬：《日本高科技产品“加拉帕戈斯化”困境解析》，载《现代日本经济》，2015（6），42—52页。

② 李万，常静，王敏杰，等：《创新3.0与创新生态系统》，载《科学学研究》，2014，32（12），1761—1762页。

③ 田学斌，柳天恩，武星：《雄安新区构建创新生态系统的思考》，载《行政管理改革》，2017（7），17—22页。

展为价值理念，实现经济利益与社会利益、个人利益与整体利益有机结合。

创新生态系统理论将创新现象视为创新主体对外部环境的变迁和扰动所形成的应答过程。因此，创新生态系统由创新主体和创新环境两类要素构成。其中，创新主体要囊括几乎所有与创新有关的操作性资源拥有者，择其要者有创新型企业、政府机构、科研机构、金融投资机构、消费者和科技中介机构，每一种创新主体的功能和地位是不同的。“产学研用”的深度结合是创新生态体系的“内核”，创新生态体系的中心层主体包括创新型企业、科研机构和消费者。其中，科研机构（包括研究型高校和科研院所）是知识生产者，围绕经济社会发展中的突出问题进行基础研究和技术攻关是科研机构参与创新生态体系建设的主要途径。创新型企业是技术成果产业化的主体，要实现创新驱动发展就需要形成国内领先、世界一流的高科技产业集聚区，主要进行高科技产品的设计、开发和生产。消费者是用户体验的“生产者”，创新生态系统只有以消费者的多样化需求为导向，生产能够为其带来最佳用户体验的产品，才能真正具有竞争力。外围层主体是辅助支持体系，包括金融投资机构、科技中介机构和政府机构。金融投资机构的职能在于通过提供金融服务满足创新的资金需求，良好的金融支持体系是实现创新生态体系快速发展的重要保障，除了常见的商业银行、股市之外，还包括天使投资、投资基金和创业金融等。科技中介机构主要是促进技术、知识、人才、信息等在创新主体之间的流动，是创新生态体系有效运转的“催化剂”。政府机构是外控变量，尽管各国的创新驱动发展模式有很大不同，但政府都在其中起着或大或小的作用，[①] 政府的科技管理体制、创新治理能力、产业政策和公共服务必然对创新生态体系的形成和发展产生重大影响。创新环境涵盖了所有影响创新主体生存、发展和演化的外部因素，是创新主体的“栖息地”，可分为硬环境与软环境，前者主要指自然环境、基础设施和科技资源等，后者主要指法律法规、公共服务、社会文化等。

（二）日本构建创新生态系统的主要措施

日本很早就关注创新生态系统模式，但是不同时期的侧重点有所差异。从《科技创新综合战略》等文件来看，2019 年之前，日本政府虽然也提出要建立开放式创新促进机制，但着力点在人才、知识和资金的良性循环上，也就是仅从资源利用的角度出发看待创新生态系统。2019 年之后，日本政府明确提出创建创新生态系统，着力点在大学等的改革和知识的创造上，但已经开始从制度建设的角度出发看待创新生态系统。

《第六期科技创新基本计划（2021—2025）》是日本构建创新生态系统的标志性文件。该计划提出日本政府应建立创新生态系统以进一步提高国家的技术创新水平。日本现有的以企业为中心、以封闭型和线性创新为主流的创新模式，使初创公司面临诸多问题，特别是在创业前和起步阶段，大多面临着资金和人才的短缺、与其他企业合作困难、初始需求不足等问题。为解决这些问题，日本政府积极推动技术创新模式由国家创新体系向创新生态系统转变。日本政府的目标是通过产业界—学术界—政府的合作，创造一大批以社会需求为动力的初创公司来解决社会问题和创造新价值。在 2022 年

① 王珍珍，甘雨娇：《创新驱动发展的模式及路径选择：美、德、日的比较与借鉴》，载《中国科技论坛》，2017，5（7），153—160 页。

的《科技创新综合战略》中，创新生态系统已经成为日本科技创新政策的三大支柱之一，在日本科技创新战略中的地位更加重要。

目前，日本政府正以《第六期科技创新基本计划（2021—2025）》为指导，大力创建创新生态系统：

第一，基于社会需求，支持初创企业设立。日本政府计划推动新的“中小企业技术革新制度”（SBIR）[①]，以推动需求驱动型创新。日本政府通过创造有利于大学、研发公司创业的环境，给予大量资金支持等方式，促进初创公司的建立，并且促使其与大公司进行联合研究。针对初创公司管理人才和研究人员缺乏等问题，日本政府承诺帮助其优化人力资源结构，促进其成长。

第二，鼓励企业开展创新活动。日本政府根据“ISO56002：2019”和《日本企业价值创造管理行动指南》（简称“行动指南”）设计品牌战略，让挑战创新管理的企业得到资本市场的评价。此外，在与研究开发相关的资金方面，日本政府根据“行动指南”和《产学官合作指南》，对企业的努力状况依次进行审查。另外，日本政府还将对开源软件（Open Source Software）加强管理，以刺激开放和敏捷的创新。

第三，通过产业界—学术界—政府的合作促进价值共创。知识是创新生态系统建设的源泉，日本政府不断强化产业界、学术界和政府的联合研究，加强年轻研究人员与企业的匹配，以加速知识与社会需求的匹配。日本政府强调要推进产学官合作中的新价值创造和实现人力资源、知识和资金的良性循环，并且根据《产学官合作指南》对高校和企业的进展情况进行监督和检查。

---

① 日本政府于1999年通过了“中小企业技术革新制度”。该制度将部分国家或各部委主导的研发项目下放地方、民间，鼓励和支持中小企业参与，并且为研发成果的市场转化提供支持。

第四，建立世界级的创新生态系统基地。日本政府拟培育多个市町村作为汇聚初创企业的创新生态系统枢纽城市，加强筑波科学城和关西科学城的创新生态系统建设，形成与世界接轨的自主创新生态系统。

第五，日本政府强调要培育能应对挑战的人才。促进高校、公立科研机构与企业的人员往来，提高创新效率。鼓励所有参加创新生态系统联盟的大学实施创业计划，并且提高人力资源的质量和改善培养人才的环境。

第六，日本将继续研发国内急需的关键技术。由于新冠疫情肆虐等原因，企业的技术研发变得困难，为了实现国内关键技术的持续研发，日本政府决定将部分重要的研究工作和研发资源交给国立科研机构，以弥补与其他国家在重大科技领域的差距。

第五章　日本的数字化转型

20 世纪 90 年代以来，以现代电子信息技术为基础的“信息革命”方兴未艾，这加快了产业结构的调整，促进了传统产业的升级。信息通信技术还与其他技术相融合，改变了传统的经济增长和产业发展模式，从而成为全球的关注重点。进入 21 世纪，特别是最近 10 年，数字技术及其产业应用推动了各国经济的数字化转型，数字经济已经成为重组全球要素资源、重塑全球经济结构和改变全球竞争格局的关键力量。从日本来看，IT 立国战略是日本政府推动信息经济和信息化社会发展的战略，其战略基点是信息技术的开发、应用和创新；近年来，日本又提出“社会 5.0”战略，并且对制造业进行数字化改造。可以说，IT 立国战略是日本数字化转型的“铺垫”，“社会 5.0”战略是日本数字化转型的“宣言”和“指南”，制造业数字化转型则是日本数字化转型的重要组成部分。

第一节　日本的 IT 立国战略

电子信息技术不仅引起了一场新的技术变革，更带来了社会经济结构质的飞跃。为了适应信息时代，日本提出“建设高度信息化社会”的国家战略，并且很快演变成 IT 立国战略。数字经济以数字技术为支撑，而数字技术的早期形态就是电子信息技术。因此，IT 立国战略可以被视为日本数字化转型的“铺垫”。

一、IT 立国战略的提出

进入 21 世纪以来，日本积极推进“IT 立国”战略，先后制定了四项重大战略，即 e-Japan 战略、e-Japan 战略Ⅱ、U-Japan 战略和 ICT 战略。这四个战略紧密围绕日本信息产业和整个国民经济在不同时期的发展方针和重点，形成一个前后衔接、循序渐进的战略体系。①

第一，日本于 2001 年制定了“e-Japan 战略”。该战略以宽带化为突破口，以建设信息产业的基础设施为重点任务，旨在为日本信息技术经济的发展打下坚实的硬件基础。

第二，日本于 2003 年制定了“e-Japan 战略Ⅱ”。该战略在“e-Japan 战略”提前完成的基础上，着力推进 IT 技术在医疗、食品、生活、中小企业金融、教育、就业、行政等 7 个领域的实际应用，这表明日本开始从信息产业的基础设施建设转向推进信息技术（特别是网络技术）在重点领域的应用。

第三，日本于 2004 年提出“U-Japan 战略”。其中，“U”指的是“Ubiquitous”“Universal”“User-oriented”和“Unique”。该战略旨在建设一个“无所不在、无时不有”的“泛在网络”。泛在网络不仅要实现 IT 技术更广范围的应用，将全部国民“纳入”从有线到无线、从网络到终端，包括认证、数据交换在内的网络环境，而且

① 孙正民，王国连：《日本的 e-Japan 战略与引进人才政策》，载《国际工程与劳务》，2008（2），16—19 页。

要实现 IT 技术更深程度的应用，将 IT 技术运用于日本社会生产、生活的大部分领域，促进高龄少子化社会的医疗福利、环境能源、防灾治安、教育人才、劳动就业等问题的解决[①]。

第四，日本与时俱进地完善和发展"IT 立国"战略，提出了"ICT 战略"。"ICT"即"信息通信技术"（Information Communications Technology）的简称。现代信息产业不再局限于信息技术，而是将信息技术与通信技术融合称为一个全新的技术领域——信息通信技术。2006 年，日本在《IT 新改革战略》中提出了推广信息通信技术应用的战略，2009 年制定了《i-Japan 战略》，并且于次年启动了《新信息通信技术战略》。但是由于政局不稳、2011 年"3·11 大地震"的影响和信息通信技术在公共领域的应用不尽如人意，日本的 ICT 战略并未得到充分实施。2012 年，日本政府启动新的 ICT 战略研究，重点关注"大数据应用"，也就是通过从各种传感器、社会化媒体等处采集到的大量信息及对其进行的分析提升经济活动的效率。

二、IT 立国战略的实施

（一）成立"IT 战略本部"，通过《IT 基本法》

美国的信息经济给予日本极大的示范作用，而日美两国在 IT 领域的差距日益扩大的重要原因就是缺乏一个科学合理的、能适应信息化潮流新趋势的信息技术国家战略。[②]

2000 年 5 月，日本经济界团体联合会（"经团联"）建议日本政府制定信息技术产业的国家发展战略；同年 7 月，G8 会议在日本

---

① 刘兹恒，周佳贵：《日本"U-JAPAN"计划和发展现状》，载《大学图书馆学报》，2013，31（3），38—43 页。

② 谭秀英：《日本加速推进信息技术国家战略》，载《当代亚太》，2003（9），52—58 页。

冲绳召开，会上各国发表了《实现全球信息化社会的冲绳宪章》（即《IT 宪章》）。在国际国内环境的双重促动下，日本政府于 2001 年成立了“IT 战略本部”，作为负责日本信息产业技术发展战略的“司令部”，并且于同年 11 月提出了“IT 国家基本战略”，该战略旨在使日本在五年内成为世界上最先进的信息产业国家[①]。

2001 年 7 月，日本政府将原有的 IT 政策机制改组为“高度情报通信网络社会推进战略本部”，同时成立了“IT 战略会议”。该战略会议由日本内阁首相与日本大财团领袖参加。日本提出“IT 国家基本战略”后，“IT 战略会议”解散。2001 年末，日本政府根据“基本战略”促使国会通过《IT 基本法》（全称《高度信息通信网络社会形成基本法》），这是日本落实“IT 立国”战略的主要法律依据。根据《IT 基本法》，日本内阁首相亲自担任 IT 战略本部的部长，内阁成员自然成为 IT 战略本部的成员。

（二）加强信息技术的基础设施建设

1999 年，日本计算机的安装使用台数为 3630 万台，美国同期为 14100 万台，而且日本倾向于研发大型计算机，对于计算机的民用化、个人化发展趋势重视不够；日本人均计算机台数为 0.29 台，远低于美国（0.51 台）、加拿大（0.36 台）和德国（0.32 台）；日本网络使用人数为 1830 万人，占总人口的比例为 13.5%，而美国网络使用人数则超过 1 亿人，占总人口的 34.3%。基础设施领域尚且存在如此巨大的差距，遑论展开国际竞争。2001 年 1 月，日本正式实施“IT 立国”战略的第一项子战略，即“e-Japan 战略”，是日本快速推进信息化社会建设的重要步骤，其重点是在五年内使日本的

① 刘兹恒，周佳贵：《日本“U-JAPAN”计划和发展现状》，载《大学图书馆学报》，2013，31(3)，38—43 页。

信息基础设施建设取得突破性进展，[①] 使宽带用户提高到3000万；同时，振兴信息技术的教育，大力培养专门化的、创新性的人才。[②] 但客观地讲，人才培养并非“e-Japan战略”的重点内容，“e-Japan战略”的重点内容是建设IT产业发展所必需的基础设施。

（三）加大政府的IT投资，推动其在公共领域的应用

任何一个产业领域的发展首先都是由投资推动的，而面对这样一个新兴产业，企业往往望而却步。为了引导市场的IT产业投资，日本政府首先加大投资，以此带动民间在信息产业领域的投入。仅从“e-Japan战略”的开局之年（2001年）来看，日本政府投资就高达1.92万亿日元。2002—2004年，日本政府在信息技术领域的投资分别高达1.99万亿日元、1.54万亿日元和1.4万亿日元，而这都是在日本政府财政预算紧缩的情况下实现的，由此可见日本政府对“IT立国”战略的重视程度。政府投资的目的之一是带动民间对IT产业的投资，政府通过税收优惠政策等手段强力推动民间的IT产业投资。据统计，当时民间每年的IT产业投资额能达到政府的7倍以上。[③]

日本希望通过将最先进的IT技术应用于经济社会生活，为IT技术创造良好的发展环境，从而带动国家科技和经济的进一步发展。为此，日本对“e-Japan战略”进行了全面修订，并且于2003年年中提出了“e-Japan战略Ⅱ”和与之配套的“e-Japan重点计划2003”。如果说“e-Japan战略”的重点是IT产业的硬件基础设施建设，那么“e-Japan战略Ⅱ”和与之配套的“e-Japan重点计划2003”则注意贴近百姓的日常生活，提出了支持在经济社会主要领域使用

---

① 刘小风：《日本e-Japan战略实施状况》，载《全球科技经济瞭望》，2005（7），12—17页。

② 谭秀英：《日本加速推进信息技术国家战略》，载《当代亚太》，2003（9），52—58页。

③ 刘小风：《日本e-Japan战略实施状况》，载《全球科技经济瞭望》，2005（7），12—17页。

信息技术、创建新产业的方针，如电子病历的信息化传送、创立电子债券及其交易市场等。在传媒领域，日本政府于2003年初颁给NHK（日本广播协会）执照，允许NHK及其他16家商业广播公司播送数字图像。根据计划，这些广播公司首先于6月份进行数字电视广播，进而在12月份实现有规律的广播，但主要集中在大城市（如东京、名古屋、大阪等城市）。当时预计日本将在2010年实现数字电视广播的全国普及，并且终止模拟信号电视广播。[①] NHK于2011年7月正式停止地面模拟信号电视转播，完全转用数字信号。

（四）强化IT产业人才培养，引进外国专业人才

IT产业以现代信息技术为核心，建立在知识和信息的生产、分配和使用之上，这对人才提出了新的要求。2002年初，日本政府开始加大对IT产业人才的培养，为了在五年内成为IT人力资源大国，日本政府制订了“IT人才培育计划”。该计划的主要政策：一是在学校教育方面，推进“教育信息化”，提高青少年运用IT的能力。二是在全体国民教育方面，促使公众在生活中自觉、自主、自如地运用信息产业技术，并且为此向社会公众提供信息技术的学习机会。三是在专业人才教育方面，培养具有信息技术知识的专业人才，大力培养精通信息技术的专家。[②]

但是，从总体上看，日本的IT人才仍然供不应求，2008年日本信息技术产业的专业人才缺口高达26万[③]。与此同时，日本IT信息产业的迅速发展还引发了对国外IT技术人才的大量需求。随着信息技术在日本公共领域和社会生活领域的广泛应用，日本各行各业

① 谭秀英：《日本加速推进信息技术国家战略》，载《当代亚太》，2003（9），52—58页。

② 谭秀英：《日本加速推进信息技术国家战略》，载《当代亚太》，2003（9），52—58页。

③ 孙正民，王国连：《日本的e-Japan战略与引进人才政策》，载《国际工程与劳务》，2008（2），16—19页。

的经营管理无不向电子化、信息化方向发展，这更加剧了日本本土IT产业人才的匮乏之势。为此，日本政府优先引进IT技术人员，不仅放宽了IT技术人员入境就业条件，而且延长IT技术人员在留期限，充分吸引外国IT专业人才来日工作。

三、IT立国战略的效果

自从21世纪初日本正式实施“IT立国”战略以来，日本的信息通信技术获得了长足的发展，这主要体现在信息基础设施的建设、ICT在公共领域的应用、国际竞争力和国民生活方式等方面。

（一）信息基础设施建设成就斐然

“IT立国”战略的第一个子战略“e-Japan战略”的重点是信息基础设施建设，建立一个覆盖大部分国民的、高速便捷的、无所不在的网络（即“泛在网络”）。这既是“IT立国”战略的重要目标，也是推进IT产业后续发展的重要基础，因为只有建立了“泛在网络”，才能激发其他与信息技术有关的产业创新。自从“e-Japan战略”实施以来，日本的宽带建设快速推进，日本政府原计划在2002年发展300万宽带用户，但实际完成数量（770万户）远远超过了原定计划，2004年达到了1495万户，2010年达到了3458万户。宽带用户的结构也发生了巨大改变，2004年使用高速电话网（DSL）的用户为1333万户，但2005年之后使用超高速光纤宽带网（FTTH）的用户迅速上升，逐渐取代了DSL用户，2010年使用FTTH的用户达到1977万户，占用户总数的57%，而日本宽带网的使用费用为世界最低。①

① 当时，日本的宽带通信上网费占每个家庭收入的比例仅为0.8%，为世界最低，再加上速度快，因而被国际电信联盟（ITU）综合评定为世界第一。

日本每百万人拥有的安全的互联网服务器数量由 2003 年的 93 台上升到 2015 年的 971 台，增加了 9 倍以上，而同期法国则从 2003 年的 46 台上升至 2015 年的 809 台，意大利从 2003 年的 25 台上升至 2015 年的 289 台。尽管日本的这一数据在发达国家不算最高的，甚至其增速也不是最快的，但考虑到日本人口基数较大（2014 年时为 1.27 亿人口），因此仍然可以看出日本"IT 立国"战略在信息基础设施领域的巨大成就。

（二）IT 技术在公共领域得到广泛应用

日本政府在实施"IT 立国"战略过程中，非常重视信息通信技术在公共领域的应用，这主要表现在政府部门自身的信息化建设和涉及民众生活的主要领域。在日本政府的信息化建设中，日本运用信息通信技术提高行政管理和政府服务水平，建成了全球最高效、最便捷的电子政府之一。实际上，早在 1997 年，日本政府就开通了行政网——霞关网（kasumi gaseki WAN），这是一个面向中央政府各省厅、用于各部门之间交换信息（以电子邮件及电子文件等方式）的网络平台；2002 年 4 月，霞关网已经与地方政府的综合网实现了网络一体化，至此形成了统一的政府信息网，[①] 并且在之后的进程中逐渐发展和完善。2003 年 7 月，各中央政府部门信息化总责人联络会议决定实施《电子政府构筑计划》；次年 1 月，日本对"电子政府的综合窗口"进行修改，进一步提升行政服务电子化的便利化水平[②]。2008—2011 年，日本政府先后出台了《扩充在线使用的行动计划》和《新在线使用计划》，继续深入推动行政手续的在线办理。

日本政府还注重将信息通信技术运用于民众生活的重要领域，

---

① 方爱乡：《论日本信息社会的建设与发展》，46、128、156 页，大连，东北财经大学出版社，2009。

② 刘小风：《日本 e-Japan 战略实施状况》，载《全球科技经济瞭望》，2005（7），12—17 页。

给人们的日常生活带来极大的便利。在医疗领域，早在1999年电子病历就开始成为日本正式的医疗档案，2006年厚生劳动省在全国推广电子病历系统，2011年日本政府公布了在医疗领域的IT战略，[①]个人不仅能从医疗机构获取医疗及健康信息，还能通过电脑等信息终端维护和管理这些信息。在教育领域，2002年日本公立学校局域网普及率就已经接近30%，因特网接入率接近100%。[②]

（三）信息通信技术国际竞争力明显提升

日本各界人士早已认识到依靠大量廉价引进、模仿欧美的先进技术促进本国经济增长的时代已经结束，在知识经济时代，如果日本不及时地实施科技发展战略的根本性转变，不彻底改变忽视信息通信技术开发的做法，那么日本经济的国际竞争力将继续下滑。

“IT立国”战略成功缩小了日本与美欧等发达国家在信息技术领域的差距。根据韩国产业技术评价管理研究院（KEIT）撰写的《信息通信技术水平评估报告》，2010年日本在信息通信技术领域的技术水平仅次于美国，位居世界第二，而且其与美国的技术水平差距仅1.4年，远超欧洲、韩国和中国。从具体数值看，美国在信息通信技术领域遥遥领先，日本相当于美国的94%，但日本的技术水平略高于欧洲（欧洲相当于美国的93%），远超韩国和中国（中韩仅相当于美国的75.7%和86%）；日本在信息通信技术领域领先欧洲0.1年，领先韩国1年，领先中国1.9年[③]。

从具体领域来看，日本在显示技术、LED技术及视觉技术两个领域处于世界顶级水平。在显示技术领域，日本领先美国、欧洲和

① 刘兹恒，周佳贵：《日本“U-JAPAN”计划和发展现状》，载《大学图书馆学报》，2013，31(3)，38—43页。

② 刘小风：《日本从e-Japan向u-Japan战略转变》，载《全球科技经济瞭望》，2005(7)，18—22页。

③ 日本科技创新态势分析报告课题组：《日本科技创新态势分析报告》，99页，北京，科学出版社，2014。

韩国1—2年，领先中国3—5年；在LED技术及视觉技术领域，日本领先美国接近1年，领先欧洲和韩国1—2年，领先中国2—3年。此外，在大多数信息通信技术领域，日本的技术水平都是全球第二，如半导体、下一代计算机技术、网络安全、机器人、RFID/USN（无线射频识别/泛在传感网络）和IT融合技术等领域。这说明自“IT立国”战略实施以来，日本在信息通信技术领域已经实现了对美欧等发达国家的技术赶超。比如，在个人电脑的微处理器芯片方面，美国的Intel依然保持优势，但是在宽带技术所需的芯片方面，日本的技术是遥遥领先的，日本的东芝、日本电气、富士通等公司都是全球信息通信产业领域的佼佼者。

表5-1　2010年日本在ICT重点领域技术水平的国际比较

技术领域名称	美国		日本		欧洲		韩国		中国	
	TL（%）	TG（年）	TL（%）	TG（年）	TL（%）	TG（年）	TL（%）	TG（年）	TL（%）	TG（年）
半导体	100	0	96.9	1—2	91.6	1—2	87.9	1—2	73.9	3—5
显示技术	93.7	1—2	100	0	88.8	1—2	88.7	1—2	74.3	3—5
LED及视觉技术	100	0—1	100	0	93.5	1—2	86.1	1—2	75.8	2—3
家庭联网与信息应用	100	0	93	1—2	93.8	1—2	86.5	2—3	75.5	3—5
数字电视与广播	100	0	93.9	1—2	95.3	1—2	88.5	1—2	77.3	3—5
电视/广播/卫星	100	0	90.9	2—3	93.5	2—3	81.4	3—5	76.1	3—5

续表

技术领域名称	美国		日本		欧洲		韩国		中国	
	TL(%)	TG(年)	TL(%)	TG(年)	TL(%)	TG(年)	TL(%)	TG(年)	TL(%)	TG(年)
移动通信	100	0	90.4	2—3	93.5	1—2	86.5	2—3	76.5	3—5
广泛融合网络	100	0	89.8	2—3	91.8	1—2	85.9	2—3	78.2	3—5
软件	100	0	86.2	2—3	89.8	2—3	80.6	3—5	72.8	3—5
下一代计算机技术	100	0	87.5	2—3	87.5	2—3	81.1	3—5	71.5	3—5
网络安全	100	0	88.4	2—3	90.8	2—3	85.2	2—3	74.1	3—5
机器人	100	0	96.7	1—2	94.5	1—2	84.7	2—3	74.6	3—5
RFID/USN	100	0	88.9	2—3	92	1—2	85.8	2—3	73.9	3—5
IT 融合技术	100	0	94.1	1—2	96.1	1—2	85.1	2—3	73.4	3—5

注：TL 指的是“技术水平”（Technology Level），即相当于世界最先进水平的百分比，单位是%；TG 指的是“技术差距”（Technology Gap），即距离世界最先进水平的年数，单位是年。

数据来源：日本科技创新态势分析报告课题组：《日本科技创新态势分析报告》，99—100 页，北京，科学出版社，2014。

（四）ICT 带来国民生活方式的巨大变化

日本信息通信基础设施建设使国民的生活方式发生了巨大的变化。在年轻人中间，社会交流手段日益多样化，尤其倾向于以电子邮件、博客、社交网站等方式进行交流。总务省的调查显示，2005 年人们平均每天有 27.3 分钟用于短信和邮件交流，到 2010 年，时间提高到 40.28 分钟，增长了约 48%；在 20—29 岁年龄段的年轻人中，有80%的人认为信息技术带来的网络是他们获取信息的重要源泉，并且有取代电视、报纸，至少是与其并驾齐驱的趋势。仅从2004—2010年来看，日本的移动通信用户从8700万增加到11954万，而采用移动设备上网的用户比例超过八成，3G用户数量由3035万增长到11813万，地面数字广播电视则由316万个接收装置增加到2010年的10300.6万个。

日本每百人的互联网用户数量从1996年的4.37人增加到2005年的66.92人，2014年达到90.58人，这一数字已经位居全球第二，仅略低于英国（91.61人），但高于美国（87.36人）、法国（83.75人）、德国（86.19人）、意大利（61.96人）、加拿大（87.12人）、韩国（84.33人）和中国（49.30人）。随着ICT技术的日益成熟和互联网的普及，日本国民网络购物的比例也在逐渐攀升，在个人娱乐休闲方面，2009年日本有8560万人选择使用互联网进行休闲（如计算机游戏、把计算机作为业余爱好、网络聊天等），这一比例已经超过了传统的娱乐休闲项目（如驾车、旅游、野餐等），2010年因特网成为仅次于电视的娱乐休闲工具。①

第二节 日本的“社会5.0”战略

近年来，日本政府开始推动经济社会的数字化转型，提出一个全新的概念——“社会5.0”。“社会5.0”不仅是日本政府对未来社会进行的预测，更是日本政府推动数字化转型的行动指南。

① 刘兹恒，周佳贵：《日本“U-JAPAN”计划和发展现状》，载《大学图书馆学报》，2013，31(3)，38—43页。

一、“社会 5.0”提出的背景和含义

（一）“社会 5.0”提出的背景

数字时代的到来决定了21世纪的全球政治经济问题已不同于19世纪和20世纪。19世纪是殖民主义的时代，当时的发达工业国为割据世界市场和原料产地而进行了激烈的全球资本主义竞争。20世纪的霸权斗争和民族解放扭转了殖民主义的历史方向：有些发达工业国凭借其掌握的庞大金融资本成为经济霸权国家，而其他发达工业国为争夺霸权地位展开全球战略斗争，在社会革命潮流和民族解放运动中出现的新兴国家纷纷谋求建立独立的工业体系。20世纪90年代以来，各国通过跨国公司及其投资联结为一体化的生产体系，全球生产体系向更高水平推进将是21世纪的基本历史主题，数字技术及其产业化应用将为世界各国在全球分工体系中走向深度一体化提供技术和经济基础。

按照“生产力决定生产关系，经济基础决定上层建筑”的唯物史观基本原理，谁能够掌握和利用好全球数字资源（算力、算法和数据），谁就能在未来全球分工体系中占有优势地位。现在，一些发达国家鼓励发展中国家对外开放数据资源，但又阻止发展中国家向外寻求全球科技资源提升数字技术水平，阻遏发展中国家利用全球消费市场扩张数字经济规模。这预示着未来各国将为争夺全球数字资源及世界市场中的数字经济利益展开激烈的政治经济斗争。

日本也将数字变革视为重大发展机遇，在重点聚焦于解决国内社会问题的同时，还希望通过其在技术领域的长期积淀，掌握一系列技术标准和国际规则的制定权，向其他国家输出“日本模式”，以此提高国际影响力。

（二）“社会 5.0”的含义

2016 年二月，日本政府在《第五期科学技术基本计划（2016—2020）》首次提出“社会 5.0”（Society 5.0）。按照日本政府的解释，“社会 5.0 是一个以人为中心的成熟社会。在这个社会中，通过网络空间（虚拟世界）和物理空间（现实世界）高度融合，实现经济发展和解决社会问题”。按照日本政府的定义，“社会 5.0”是继狩猎社会（社会 1.0）、农业社会（社会 2.0）、工业社会（社会 3.0）和信息社会（社会 4.0）后的一种新型“超智能社会”形式。在过去的信息社会（社会 4.0）中，人们会通过互联网访问网络空间中的数据库，搜索、检索和分析信息或数据使之创造价值。其中，数据收集由网络完成，分析处理数据的过程由人工完成。信息社会的进一步发展形成了社会 5.0，在第四次科技革命的带动下，人们可以利用人工智能（AI）、大数据、物联网（IoT）、机器人等尖端技术创造新价值。2021 年日本内阁发布的《第六期科技创新基本计划（2021—2025）》指出，日本将充分利用数字技术，通过现实世界和虚拟世界的深度融合，促进产业结构转型升级，推动社会发展，以解决日本乃至世界面临的挑战，并且极大增加人们的物质和精神财富。

二、“社会 5.0”的目标和实现条件

与其他各国针对数字化时代积极推行相关产业政策有所不同，日本政府在《第六期科技创新基本计划（2021—2025）》中并没有过多的具体指导的产业政策，其更像一个纲领性文件，运用更为抽象的语言勾画对社会 5.0 的未来图景。

根据日本《第六期科技创新基本计划（2021—2025）》的解释，

社会 5.0 从社会 4.0（信息社会）发展而来，但是摆脱了社会 4.0 时代的许多限制。社会 4.0 在 20 世纪六七十年代被提出，因电子信息革命而实现，因此也被称为“信息社会”。在社会 4.0 模式下，许多弊端和问题都在不断显现和暴露出来，这主要体现为全球互联网平台巨头构建了不受传统商业惯例和规则束缚的商业模式和服务，并且在巨额利润的驱动下垄断了全球信息和数据的流动，限制了自由竞争；在社会信息化进程中，“信息弱势群体”开始出现，世界的财富归极少数的资本家所有，这种日益扩大的贫富差距带来了“社会分裂”和“对未来的焦虑”等。

日本政府试图通过社会 5.0 建设克服当下“信息社会”的诸多弊病，解决日本面临的少子老龄化、贫富差距大、信息鸿沟、气候环境等社会问题。因此，社会 5.0 是以普遍存在的社会问题为出发点，探索数字时代日本社会发展的新模式[①]。择其要者，社会 5.0 包括的目标：一是通过互联网、区块链等技术促进信息分享，减少信息不对称现象，克服信息鸿沟。二是社会 4.0 主要追求规模和效率，社会 5.0 模式倡导从规模和效率中解放出来，更重视解决社会问题和创造新价值。三是重视每个人的多样性，建立一个让每个人都可以发挥自己才能、得到机会的社会。四是缩小贫富差距，而不忽视差距。五是通过多样化和分散化，提高社会的韧性，保障国家的安全。六是减少对环境的压力，与自然共存，建设可持续的社会。此外，日本希望增加对外交流，将社会 5.0 的目标与联合国开发计划署可持续发展目标对接，将社会 5.0 形成的“日本模式”推向全世界，打造解决全球公共问题的范本，以此提高日本在国际社会的影

---

① 康佳立：《从工业 4.0 到社会 5.0——以德日两国相关发展战略的比较为例》，载《科技管理研究》，2019，39（4），19—24 页。

响力。

《第六期科技创新基本计划（2021—2025）》指出，实现社会5.0需要三个必要条件，兹略述如下：

第一，运用数字技术进行社会重构。日本政府认为，在现有制度下，社会4.0（信息社会）无法自然过渡到社会5.0（超智能社会）。换句话说，日本进入社会5.0的前提是对日本社会进行重构，关键是要做到“网络空间与物理空间的融合”。在社会5.0中，社会全要素都将在网络空间构建相应的数字孪生，并且在制度、商业模式设计、基础设施等方面进行重构，然后反映在物理空间中，以引导社会变革。举例来说，当现实世界中的人需要解决一个问题的时候，可以借由数字技术在虚拟空间中对问题出现的背景环境进行建模仿真，给出最优解决方案，然后将虚拟网络空间模拟的方案推演到现实世界中。如果没有达到理想的效果，则反馈到虚拟空间再由人工智能技术与超算技术进行修正，直到在虚拟世界中的条件与现实世界中的环境条件并无二致的时候，就完成了网络空间与物理空间的融合。由此，虚拟空间与现实空间的界限被模糊，人们可以借由虚拟空间进行试错，最终将最优方案应用于现实空间。当然，社会5.0中畅想的两个空间的融合并非只是在一些场景下的融合，而是将范围直接拓展到全社会的虚拟网络空间与现实社会的融合，这有助于以全局的视角发现问题的根源，跳出思维定式，以更有效率的方式解决问题。实现达成这一过程需要一整套社会基础设施，通过收集和存贮高质量的数据，并且使用数学模型和数据分析技术在网络空间中进行分析。

第二，创造和掌握新知识。开拓知识前沿、强化科研能力对于社会5.0极为重要。但是由于制度的原因，日本一些公共研究机构及高校的研究成果仅仅限于机构内部或圈子内部的成员使用，公众能够获取的这些成果和知识较为有限①，这阻碍了社会对知识的充分利用。有鉴于此，日本政府认为，在向社会5.0过渡过程中，为了应对在社会上采用新技术出现的伦理、法律和社会问题，研究机构和研究人员不仅要具备大局意识，还要建立一个能够利用自然科学、人文和社会科学的“综合知识”的机制。

第三，培育新人才。目前，日本的社会结构正在发生急剧变化，在这一大背景下，需要大量的富有创新特质的人来应对未来的社会框架及处理那些无法按常规办法解决的问题。因此，日本政府认为应该从中小学阶段开始培养学生的好奇心，加强探索能力以应对挑战。同时，日本政府还打算建立职业体系的双通道模式来迎接新的挑战。日本政府还认为，在社会5.0时代，所有信息都可在线传递，人与人可通过网络以非面对面方式匿名（如SNS）交流，这可能会使所接触的信息产生偏差，并且改变以往基于面对面交流方式产生的人与人之间的联系，因此必须使人们具备良好的信息素养，不断与时俱进。

第三节　日本制造业的数字化转型

除了社会5.0外，日本发展数字经济的主要着力点在于推进制造业的数字化转型。数字化转型是制造业增长方式的一次深刻变革，日本希望通过对制造业进行全方位、全角度、全链条的数字化改造，

① 王弋波，赵伟：《美国、英国、日本的公共科研机构信息公开政策综述》，载《情报杂志》，2015，34（11），24—29页。

形成数据要素与其他生产要素的全面协同，进而推动体系重构、流程再造、商业模式创新发展，最终为日本制造业乃至日本经济创造新价值、新动能和新增长点。

一、数字经济的内涵

数字经济是继农业经济、工业经济之后的主要经济形态，是以数字技术创新为支撑、以数据为关键生产要素、以互联网平台为配置资源的基本经济组织、以数字产业生态系统为组织形式、以数字技术与实体经济深度融合为核心推动力的新型经济形态。

与信息经济相比，数字经济具有如下特征：

第一，以数字技术为支撑。数字技术泛指对经济活动进行信号采集、数字转换、运算处理、网络传输、信号还原等一系列活动的技术。从数字技术的发展过程来看，人类正在从计算机时代（产生数据）、互联网时代（传输数据）迈向数字时代（搜集、处理和应用大数据），而计算技术、通信技术和信息处理技术三股强大的技术力量结合在一起，使人们对海量数据进行搜集、处理和应用成为可能，移动互联网、物联网、云计算、人工智能和5G等新一代信息技术成为新兴数字技术的主要代表。其中，移动互联网和物联网使“物的数据”和“人的数据”一起快速增长；云计算等算力技术是数据处理的核心，其物理实体是超大型数据中心；人工智能是算法技术的集大成者，提升了人们从大数据中挖掘有用信息、进行理性决策的能力。①

第二，以数据为关键生产要素。从历史上看，每一次经济形态

① 国务院发展研究中心创新发展研究部：《数字化转型：发展与对策》，5页，北京，中国发展出版社，2019。

的重大变革必然催生也必须依赖新的生产要素，在数字经济时代，数据成为关键生产要素。在数字技术发展早期，数据总量有限，包含的信息也有限，还无法在生产生活中发挥重大作用；随着新一代信息技术的出现及其产业应用，特别是随着传感器的普遍使用和物联网的不断发展，人们能够以相对较低的成本获取海量数据；而数据挖掘、数据处理和数据算法等技术的不断进步使数据具备了经济价值，从而成为经济发展的关键性生产要素，并且使资本、劳动等传统生产要素之间的关系发生改变。在数字经济时代，数据要素不断渗透、影响和改造着生产、流通和消费等主要经济环节，如企业能够利用消费者个人数据实现定制化生产、利用仓储物流数据实现“零库存”、利用售后数据调整研发设计方向、利用生产线数据优化生产流程，[①] 从而全面提升经济效率。

第三，以互联网平台为配置资源的基本经济组织。在数字技术变革和数据成为生产要素的基础上，互联网平台成为数字经济的核心组织者，因为互联网平台能够提取和控制大数据，通过提供信息设施、链接各方、聚合资源、交易结算、信息汇集、居中调节等方面的功能，促进供需双方的互动和匹配。时至今日，互联网平台已经不再局限于企业类型的范畴（即“互联网平台企业”），更是一种产业范式。从已有进展来看，平台经历了从商业、服务业向工业不断渗透的过程，在数字经济发展早期，商业平台化现象较为突出，如阿里巴巴、京东等电子商务平台架起了连接中小企业和消费者的桥梁；随后服务业也开启了平台化转型，网约车、外卖订餐、网络直播、在线教育、在线医疗等新业态快速发展；现在制造业也出现

① 国务院发展研究中心创新发展研究部：《数字化转型：发展与对策》，6页，北京，中国发展出版社，2019。

了平台化的发展趋势，如工业互联网的兴起。

第四，以数字产业生态系统为组织形式。互联网平台本身难以独立运行，还需要对接者或可能互动的群体。互联网平台和参与平台活动的各类经济主体之间通过资源共享实现价值共创，就构成了“数字产业生态系统”；其中，互联网平台企业是系统的搭建者、规则的制定者、接口的设计者、核心问题的解决者、核心产品和服务的提供者。[①] 基于互联网平台企业的数字产业生态系统正在解构传统的线性产业链，在工业经济时代，整机企业是产业和产业链的整合者，然而在数字经济时代，一方面，互联网平台成为产业和产业链的整合者，整机企业如果不能转化为平台，就可能被平台整合，成为数字产业生态系统的一部分；另一方面，互联网平台能否在竞争中胜出，也取决于能否吸引更多的商户和用户参与自身的经济活动，如外卖平台的发展取决于能够吸引更多的餐饮店铺和订餐者。因此，未来的产业竞争不再是产业链的竞争，而是数字产业生态系统的竞争。[②]

第五，以数字技术与实体经济深度融合为核心推动力。数字技术与实体经济的融合包括两个方面的内容，即数字产业化和产业数字化。数字产业化是数字经济发展的先导力量，以信息通信产业为主要内容，具体包括电子信息制造业、电信业、软件和信息技术服务业、互联网行业及其他新兴产业；产业数字化是数字经济发展的主引擎，是传统产业由于应用数字技术所带来的生产方式变革及生产数量和生产效率的提升，集中体现为数字技术体系对生产结构的影响，即对传统产业组织、生产流程和交易过程的影响。近些年，

---

① 赵昌文等：《平台经济的发展与规制研究》，10—11页，北京，中国发展出版社，2019。

② 马骏等：《数字化转型与制度变革》，17—19，北京，中国发展出版社，2020。

一方面互联网企业积极向线下渗透，另一方面传统企业积极向线上转型，如通用电气、海尔等企业的智能制造战略都突显了线上、线下深度融合发展的趋势。[①]

二、日本制造业数字化转型战略的提出

制造业数字化转型是产业数字化的重要组成部分。从内涵看，制造业数字化转型是以工业大数据为新型生产要素、以现代信息网络为主要载体、以数字技术和工业融合应用为效率改善和产业升级推动力的一系列经济活动。从结构看，制造业数字化转型主要包括两部分：一是使能部分，涵盖工业软件、工业网络、工业互联网等平台，为制造业数字化转型提供工具、知识和服务，是企业数字化转型的基础和先导；二是应用部分，主要指企业应用数字使能工具实现转型的一系列活动，这部分是数字化转型的重点，构成对使能部分的需求。[②] 面对产业数字化趋势，世界各国纷纷出台了依照自身国情制定的新发展路线，如德国的“工业 4.0”和美国的“工业互联网”，各国都试图将数字技术与传统产业深度融合，以此带动制造业优化升级并抢占全球产业竞争制高点。

2020 年 6 月，日本经济产业省发布《2020 年版制造业白皮书》。[③] 与前几年的较大不同是，此次白皮书特别强调了当今全球不确定性因素很多，尤其是中美贸易摩擦和新冠疫情全球蔓延对世界经济造成了巨大冲击，全球正在面临二战后最严重的经济萎缩和大

---

① 中国信息通信研究院：《数字经济概论：理论、实践与战略》，6—7 页，北京，人民邮电出版社，2022。

② 中国信息通信研究院：《数字经济概论：理论、实践与战略》，39 页，北京，人民邮电出版社，2022。

③ 本部分关于日本制造业数字化转型战略的内容引用了马文秀教授和高周川博士《日本制造业数字化转型发展战略》（《现代日本经济》2021 年第 1 期）的研究成果，编者进行了删改。

规模失业，日本制造业也遭受重创。日本作为世界制造业强国，制造业是支撑其经济发展的核心产业和经济增长的原动力，日本企业注重长期的传承和持续创新，在先进制造领域一直以来都与美国、德国齐名，新冠疫情之前建立的高效的全球供应链体系闻名全球。然而，新冠疫情使日本制造业企业的管理模式和业务模式遭受重创，以往建立的高效全球供应链体系被阻断，传统优势的匠人技术也面临很大风险。新冠疫情从供需两方面给日本制造业带来严重不利影响，这既不同于日本大地震带来的单向供给冲击，也不同于2008年全球金融危机对需求的冲击，此次是全方位的冲击。面对中美贸易摩擦和新冠疫情的负面冲击，日本制造业有着强烈的危机感。

为了应对这种不利局面并保持和提升制造业的国际竞争力，日本政府提出必须增强制造业企业灵活应对环境急剧变化的自我变革能力，重建一个“高效＋安全”的韧性供应链体系。而数字技术是增强企业动态能力的强大武器，日本政府为此制定了加快推进制造业数字化转型发展战略。

日本在2017年3月发布了“互联工业”（Connected Industries）的概念。“互联工业”旨在通过数据连接各种事物（如机器、技术和人员）来创造新的附加值并解决社会问题。互联工业可以是工厂内部技术、流程、管理等的连接，也可以是同行业公司、合作伙伴、客户或市场等的对接，甚至可以拓展现有技术创新网络、发展模式在不同产业领域构建新兴产业结构，在不同行业背景下、不同业态和IT化不同阶段中灵活应用。

三、日本制造业数字化转型的发展趋势

实现“互联工业”的关键是最新的数字技术将工程链和供应链

无缝连接。但是，在实际进程中，日本制造业数字化面临着诸多困境，包括工程链和供应链数据流动不通畅、数据收集和利用工作滞缓、企业技术债务负担沉重、商业模式创新不足和数字化人力资源缺乏等。针对这些困境，日本政府提出充分利用数字技术强化工程链设计力策略、活用5G技术赋能制造业现场策略和加强数字化人力资源保障策略，这些策略是未来日本政府推动制造业数字化转型战略的配套和升级，也预示着日本制造业数字化转型的发展趋势。

第一，强化工程链设计力策略。日本政府认为，以前日本制造业数字化只专注于供应链，因为这是长期以来日本制造业竞争力的源泉，而工程链设计的数字化延迟已经成为日本制造业的致命弱点，企业迫切需要通过数字化转型来增强工程链设计能力。因此，《2020年版制造业白皮书》特别强调要强化工程链，通过设计能力提前进行前端装载（Front Loading）、强化部门间及企业间的数据协作、加快建立虚拟工程系统和活用材料信息学等措施增强制造业的设计能力。

第二，活用5G技术赋能制造现场策略。日本制造业具有强大的现场力，但是面对新冠疫情等不确定性带来的巨大冲击，为了保持与提升制造业的现场力，日本提出活用5G技术赋能制造现场策略，强调活用5G技术不仅仅是追求通过机器人、信息技术、物联网等技术的灵活应用和工作方式变革达到业务的效率提升和优化，更重要的是通过灵活运用数字技术从而获得新的附加价值。

第三，数字化人力资源保障策略。日本政府2019年制定了《AI战略2019》，其基本原则是建立“以人为本的AI社会”，大力培育人工智能人才是其重要措施之一。从2020年开始，所有小学开设编程课程并作为正式考试科目，通过小学、初中和高中加强统计教育，促进数学和数学统计的学习。考虑到与大学的数学、数据科学教育的联系，日本正在着手编制教材，纳入概率、统计和线性代数等基础知识；稳定实施 STEAM 跨学科综合教育[①]，通过各个学科的学习来解决现实世界中的问题，增强对数学问题和科学问题的研究。

① STEAM 代表科学（Science）、技术（Technology）、工程（Engineering）、艺术（Art）、数学（Mathematics）。STEAM 教育是指集科学、技术、工程、艺术、数学于一体的跨学科综合教育。

第六章　日本的少子老龄化

从第二次世界大战结束到 20 世纪 80 年代，日本的人口再生产类型从“高出生率、低死亡率、高自然增长率”转变为“低出生率、低死亡率、低自然增长率”，实现了人口转变。自平成元年（1989 年）至今，日本的人口状况发生了显著的变化：一方面，自 20 世纪 70 年代开始的老龄化进一步严峻；另一方面，伴随着晚婚化、不婚化和婚内生育率降低，少子化问题进一步突显。目前，少子老龄化成为日本人口最突出的特点，对日本经济社会产生了全面且深远的影响。

第一节　战后日本的人口变动

人口的增减与结构变化对经济发展有重要影响，快速的人口增长和丰富的劳动力储备是战后初期至 20 世纪 70 年代日本经济高速增长的重要条件之一；而随着人口增长和劳动力增长减速后，日本经济增长速度也呈现下降趋势。目前，人口数量与结构的变化正从根本上改变着日本经济的内部环境和发展基础。

一、日本的人口数量变化

第二次世界大战结束后，日本人口呈现快速增长的势头。1946年，日本人口总数为7575万人，到1967年突破了1亿人。仅从人口自然增长来看[①]，战后日本人口有两个增长高峰：第一个高峰是从1947年到1956年，第二个高峰是从1967年到1978年（见表6-1和附表1)。先看第一个高峰，日本每年的人口自然增长都超过100万人，其中1948年达到172万人，1949年为175.6万人，是战后日本自然增长最多的年份，该阶段日本人口增长率连年保持在10‰以上。再看第二个高峰，日本人口自然增长再次达到每年100万人，人口增长率在1977年之前都保持在10‰以上；但是，从1977年起，日本人口增长率开始跌破10‰，此后呈迅速下降趋势。

表6-1 日本人口总数及增长情况的变化（1946—2020年）

年份	总数（千人）	人口增长（千人）		人口增长率（‰）
		自然增长	社会增长	
1946	75750	207	3471	49.9
1950	84115	1532	31	17.4
1955	90077	1061	−5	11.7
1960	94302	911	−50	8.4
1965	99209	1099	4	11.3
1970	104665	1211	10	11.5
1975	111940	1242	−3	12.4

---

① 人口增长=自然增长+社会增长（即人口净迁移）。其中，自然增长=出生数量−死亡数量，相较于社会增长更能体现人口变动的趋势。

续表

年份	总数（千人）	人口增长（千人）		人口增长率（‰）
		自然增长	社会增长	
1980	117060	894	8	7.8
1985	121049	714	13	6.2
1990	123611	417	2	3.3
1995	125570	297	−50	2.4
2000	126926	226	38	2.0
2005	127768	9	−53	−0.1
2010	128057	−105	0	0.2
2015	127095	−275	94	−1.1
2020	126227	—	—	0.5

数据来源：日本总务省统计局《日本统计年鉴 2022》。

1979—2004 年，日本每年新增的人口数量逐渐减少，人口总数处于缓慢递增阶段，人口数量从 1.16 亿人增长到 1.28 亿人。根据日本总务省统计局的数据，从 1979 年起，日本人口自然增长跌破 100 万人（97.4 万人），此后迅速下降。从人口总数的变化看，从 2005 年开始，日本人口开始进入负增长，此后只有 2006 年、2007 年、2008 年、2010 年和 2020 年是正增长，人口增长率分别为 1.0‰、1.0‰、0.4‰、0.2‰和 0.5‰。从人口减少数量看，2019 年最多，达到 27.6 万人。一个值得注意的趋势是，2015 年之后，日本人口净迁移数量开始大量增加，从 2016 年的 13.4 万人增长到 2019 年的 20.9 万人。

截至 2021 年 11 月，日本人口总数为 1.25 亿人。但是，根据相关预测，如果人口负增长趋势持续下去的话，日本人口将在 2029 年降低到 1.2 亿人以下，在 2042 年降低到 1.1 亿人以下，到 2053 年将降低到 1 亿人以下。

二、日本的人口结构变化

相对于人口总量的变化，日本的人口结构特别是人口年龄结构的变化更加重要，形势也更加严峻。一般来讲，0—14 岁人口是“少年儿童人口”，15—64 岁是“劳动年龄人口”，65 岁及以上是“老年人口”。1995 年，日本少年儿童人口为 2001 万人，劳动年龄人口为 8717 万人，老年人口为 1826 万人；而到了 2019 年，日本少年儿童人口为 1521 万人，劳动年龄人口为 7507 万人，老年人口为 3589 万人。也就是说，在此期间，日本的少年儿童人口减少了 480 万人，劳动年龄人口减少了 1210 万人，老年人口增加了 1763 万人（见图 6-1）。

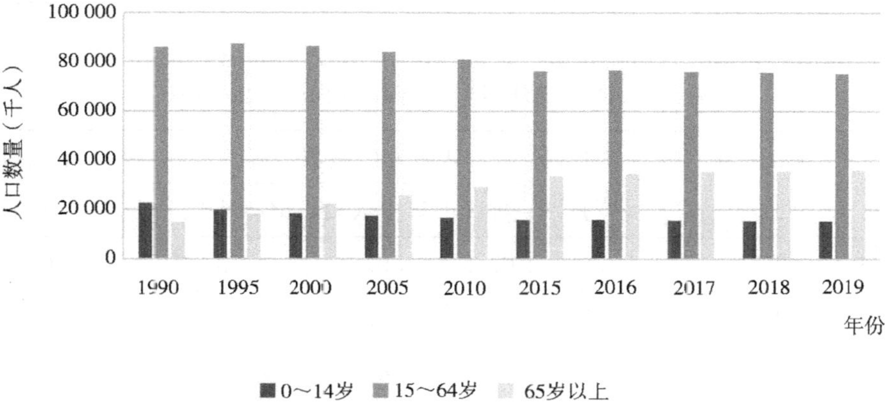

图 6-1　日本各年龄段人口数量

数据来源：日本国立社会保障·人口问题研究所《人口统计资料集2021》。

比较重要的人口年龄结构指标包括从属人口指数、老年化指数、平均年龄和中位数年龄。其中，从属人口指数也称“抚养比”，老年化指数是65岁及以上人口与0—14岁人口之比；平均年龄是某一人口年龄的平均水平，用来反映特定人口年龄的集中趋势；中位数年龄是按年龄顺序计算的处于人口中间位置的人的年龄；平均年龄和中位数年龄是根据年龄组的人口计算的。从表6-2来看，日本的从属人口指数呈“U”形变化，先是从67.5%（1950年）下降到43.9%（1995年），再上升到68.1%（2019年）；老年化指数逐年上升，从14%（1950年）上升到235.9%（2019年）；平均年龄从26.6岁（1950年）一路上升到47.4岁（2019年）；中位数年龄从22.3岁（1950年）上升到48.2岁（2019年）。需要注意的是，战后初期日本从属人口指数虽然很高，主要是由于年少人口指数高，现在从属人口指数高是由于老年人口指数高①。年少人口指数高说明人口年龄结构年轻，从经济发展整体考虑，当年少人口进入劳动年龄后，会使储蓄率上升，有利于进行投资，从而带来较快的经济增长速度。

表6-2 日本人口年龄结构指标（1950—2019年）

年份	平均年龄（岁）	中位数年龄（岁）	从属人口指数（%）			老年化指数（%）
			合计	年少人口	老年人口	
1950	26.6	22.3	67.5	59.3	8.3	14.0
1955	27.6	23.7	63.1	54.4	8.7	15.9
1960	29.1	25.6	55.7	46.8	8.9	19.1
1965	30.4	27.5	46.8	37.6	9.2	24.6

① 年少人口指数是0—14岁人口与15—64岁人口的比值，老年人口指数是65岁及以上人口与15—64岁人口的比值，

续表

年份	平均年龄（岁）	中位数年龄（岁）	从属人口指数（%）			老年化指数（%）
			合计	年少人口	老年人口	
1970	31.5	29.1	44.9	34.7	10.2	29.5
1975	32.5	30.6	47.6	35.9	11.7	32.6
1980	33.9	32.5	48.4	34.9	13.5	38.7
1985	35.7	35.2	46.7	31.6	15.1	47.9
1990	37.6	37.7	43.5	26.2	17.3	66.2
1995	39.6	39.7	43.9	23	20.9	91.2
2000	41.4	41.5	46.9	21.4	25.5	119.1
2005	43.3	43.3	51.3	20.8	30.5	146.5
2010	45	45	56.7	20.6	36.1	175.1
2015	46.4	46.7	64.5	20.6	43.8	212.4
2019	47.4	48.2	68.1	20.3	47.8	235.9

数据来源：日本国立社会保障·人口问题研究所《人口统计资料集2021》。

第二节　日本的少子老龄化情况

“少子老龄化”包括“少子化”与“老龄化”两个问题。少子化指的是人口生育率下降，这导致社会中青少年人口增长缓慢、人口比例失衡，对产业结构、消费结构、就业结构等一系列问题产生深远影响。老龄化指的是老年人在社会总人口中的比例上升，这严重影响了日本战后构筑的养老体制，也对社会保障体制、经济社会活力等众多方面提出了挑战。

一、日本的少子化与对策

（一）日本的少子化进程

决定总人口增减的基础是出生人口的变化，这就涉及日本人口问题的一个重要方面——少子化问题。“少子化”一词源自日本，最早出现在1992年的《平成四年版国民生活白皮书》（经济企划厅编），标题为“少子社会的到来：影响与应对”；之后，与“老龄化”相对，“少子化”用来表示“新生儿数量和出生率的持续减少”并渐渐广为人知①。我国学术界对“少子化”尚无统一定义，多数研究是从生育率下降、年轻人口占总人口的比重降低两方面讨论。从生育率水平的标准认为，如果一个国家的总和生育率长时间内低于维持人口长期稳定发展的更替水平（2.1），就被称为“少子化”（或低生育水平）；而长时间内低于1.3，则被称为“超少子化”（或极低生育水平）②。从人口年龄结构上看，一般认为当一个社会0—14岁人口占比低于20%为“少子化”，15%—18%为“严重少子化”，低于15%为“超少子化”③。日本早在1990年前后少年儿童人口比重就已经低于20%；2005年日本《少子化社会白皮书》指出，日本已进入“超少子化”。④

二战后，日本出现了两次生育高峰，分别是1947—1949年的第一次婴儿潮和1971—1974年的第二次婴儿潮。在这两个阶段内，日

① （日）山田昌弘：《少子社会》，丁青译，4页，上海，上海教育出版社，2021。

② HP Kohler，FC Billari，JA Ortega. The Emergence of Lowest-low Fertility in Europe During the 1990s. *Population and De-velopment Review* ，Vol. 28，No. 4，Fall 2002，p. 641-680.

③ 穆光宗，茆长宝，吴金晶，等：《乡土中国的人口弱化和优化研究》，载《中国农业大学学报（社会科学版）》，2013，30（3），61—71页。

④ 张季风：《少子老龄化社会：中国日本共同应对的路径与未来》，29—30页，北京，社会科学文献出版社，2019。

本每年出生人口达到200万人以上。第一次婴儿潮属于战后的“补偿生育”行为，其间出生的人口在日本被称为“团块的世代”；第二次婴儿潮是“团块的世代”进入婚育高峰期的时点，反映了人口周期性波动的特点，可以解释为第一次婴儿潮的余波，因此第二次婴儿潮期间出生的人口在日本被称为“团块二代”。从人口出生率和总和生育率的数据来看，由于战后的生育补偿，日本总和生育率（TFR）在1947年达到最高值4.54，之后生育水平不断下降；在第一次婴儿潮期间，日本的人口出生率维持在33‰以上，总和生育率也超过了4.3，此后二者均开始迅速下降，到1952年日本TFR降到3.0以下，1957年降到更替水平以下；在第二次婴儿潮期间，由于出生队列的影响，日本的人口出生率尚能维持在19‰左右，TFR也维持在人口更替水平以上。[①] 第二次婴儿潮之后，日本持续保持低生育水平。

日本的TFR在1978年下降至1.8以下（1.79），1989年降至1.57，甚至低于1966年“丙午迷信”的1.58的水平，引起了日本国民的震动，史称“1.57冲击”。2005年，日本TFR达到最低值（1.26），此后缓慢提高，到2019年为1.36。由于日本的TFR在1974年降至更替水平以下，此后一直低于更替水平（见表6-3）。因此，一般认为日本正是从这一年开始正式进入少子化阶段。

---

① 全龙杰：《日本少子化问题研究》，博士学位论文，45—46页，吉林大学东北亚研究院，2020。

表 6-3　日本总和生育率（TFR）的变化（1974—2019 年）

年份	总和生育率（个）	年份	总和生育率（个）
1974	2.05	1997	1.39
1975	1.91	1998	1.38
1976	1.85	1999	1.34
1977	1.80	2000	1.36
1978	1.79	2001	1.33
1979	1.77	2002	1.32
1980	1.75	2003	1.29
1981	1.74	2004	1.29
1982	1.77	2005	1.26
1983	1.80	2006	1.32
1984	1.81	2007	1.34
1985	1.76	2008	1.37
1986	1.72	2009	1.37
1987	1.69	2010	1.39
1988	1.66	2011	1.39
1989	1.57	2012	1.41
1990	1.54	2013	1.43
1991	1.53	2014	1.42
1992	1.5	2015	1.45
1993	1.46	2016	1.44
1994	1.5	2017	1.43
1995	1.42	2018	1.42
1996	1.43	2019	1.36

数据来源：日本国立社会保障·人口问题研究所《人口统计资料集 2021》。

从人口出生率这一指标来考察，日本的人口出生率在1978年下降到了15‰以下（14.9‰），达到了少子化的程度。而从少年儿童人口比重来看，1988年该数值下降至20%以下（19.5%），进入少子化阶段（见表6-4）。进入少子化阶段后，日本少子化程度迅速加深，无论从人口出生率、TFR还是少年儿童人口比重来看，日本都在10年之内完成了从少子化到严重少子化、进而到超少子化的过渡。①

表6-4　日本少子化的开端与深化

项目	人口出生率		总和生育率		少年儿童人口比重	
	年份	数值（‰）	年份	数值（个）	年份	数值（%）
少子化	1978	14.9	1974	2.05	1988	19.5
严重少子化	1981	13.0	1977	1.79	1991	17.7
超少子化	1988	10.8	1992	1.50	1999	14.8

数据来源：全龙杰：《日本少子化问题研究》，博士学位论文，76页，吉林大学东北亚研究院，2020。

（二）日本的少子化对策

日本的少子化对策是日本政府为遏制本国的少子化进程、提振生育率而制定、施行的，由一系列相关法律、制度、规划及具体对策措施组成的综合性的政策体系。日本少子化对策的演进历程可分为计划筹备、全面开展和调整深化三个阶段。②

① 全龙杰：《日本少子化问题研究》，博士学位论文，75页，吉林大学东北亚研究院，2020。

② 本部分内容引用了王晓峰教授和全龙杰博士《日本少子化对策的演进、体系及政策工具评析》（《人口学刊》2020年第3期）的部分内容，编者进行了删减和修改。

1. 计划筹备阶段（1990—2002 年）

第一阶段的显著特征是对策体系的草创与规划。这一阶段日本政府的少子化对策主要集中在对工作和育儿兼顾的支援方面，目标是构建让年轻人能够更轻松地生育、育儿的社会环境，为今后少子化对策的展开制订了一系列的计划、方针。1994 年 12 月，日本政制定了《今后育儿支援政策的基本方向》（又称“天使计划”），确定了其后 10 年间的基本方向和重点政策。为了确保天使计划的实施，日本政府还制定了《紧急保育对策等 5 年事业》，计划扩大保育设施容量，完善低龄儿童（0—2 岁）保育措施，延长保育时间，设立地方育儿支援中心等。1999 年 12 月，日本政府又制定了《少子化对策推进基本方针》和以此方针为基础的《重点推进少子化对策的具体实施计划》（“新天使计划”）。新天使计划设定的目标项目不止局限于保育方面，还包括稳定雇佣、母子保健、咨询服务、教育等诸多事业。

2. 全面开展阶段（2003—2008 年）

第二阶段的显著特征是日本政府将少子化对策上升到法律层面，少子化对策开始在社会生活的各方面全面展开。这一阶段日本少子化对策的主要着眼点是支援育儿家庭、重塑社会意识、发挥地方自治体和企业的力量共同应对少子化问题。2003 年 7 月，日本政府制定了《少子化社会对策基本法》并于同年 9 月开始实施。这是日本政府首次从法律层面确立少子化对策的重要性，明确了针对少子化社会政策的基本理念和少子化对策的综合推进计划，因此 2003 年被称作“少子化对策元年”。基于该法，日本政府设置了“少子化社会对策会议”，作为综合推进少子化对策的核心中枢，以日本首相为会长，由内阁府全体成员构成。2004 年 6 月，日本内阁府制定了《少子化社会对策大纲》，首要课题是构建健康育儿社会和能够因生养儿女而感到喜悦的社会，主张社会全体支援育儿家庭，使每个家庭都能够安心、快乐地育儿，全国共同努力改变少子化的趋势。

2005年，日本首次出现出生人数少于死亡人数的情况。为了对应超出预期的深度少子化进程，从根本上扩充、强化少子化对策，少子化社会对策会议于2006年6月制定了《关于新少子化对策》，通过制定“家庭日”“家庭周”等举措推进家庭纽带的再生和社会全体意识的改革；同时，从支援全体育儿家庭的视点出发，着眼于儿童成长、育儿需求的变化，制定了能够覆盖少年儿童出生、成长全过程的育儿支援政策。此外，2007年12月少子化社会对策会议制定了《支持儿童和家庭的日本重点战略》，旨在实现工作和生活兼顾，全面地支援育儿家庭。

3. 调整深化阶段（2009年至今）

第三阶段的显著特征是机构专门化和少子化对策的不断调整与充实。这一阶段日本政府成立了一系列少子化专门应对机构，各类对策的出台愈发密集，对策措施也更加具体，针对性更强。这一阶段少子化对策的主要着眼点是财政资源的保障、工作方式的改革和婚育全程无缝衔接的支援。

自2009年1月起，日本政府先后成立了“从零开始考虑少子化对策项目组”“儿童、育儿前景探讨工作组”“少子化危机突破特别工作组”“儿童、育儿支援新系统探讨会议”“工作方式改革实现会议”等多个专门机构。这些专门机构在少子化对策担当大臣的领导下，出台了一系列有针对性的对策措施，如作为社会保障、税收一体化改革关联法案的《儿童·育儿支援法》等三个法案，强化对结婚、怀孕、生育、育儿的“无缝衔接的支援”的《少子化危机突破紧急对策》，强化地方应对少子化问题的《实现良性循环的经济决策》，旨在解决长时间劳动、改善非正规雇佣待遇的《工作方式改革实行计划》等。2015 年 3 月，日本内阁府制定了新的《少子化社会对策大纲》，旨在深化社会全体的认识，共同构建婚育、育儿亲和的社会。2016 年 6 月，经日本内阁会议决定，通过了《日本一亿总活跃计划》，提出将总和生育率提升至 1.8 的目标。日本厚生劳动省于 2017 年 6 月出台《安心育儿计划》，提出在 2019 年末之前（最迟 2020 年末）在全国范围内消除待机儿童[①]，在 2022 年末之前整备 32 万人次的保育承载量以对应女性就业率 80%以上的保育需求，随后这一时限被提前到了 2020 年；该计划还提出了"育人革命"的理念，包含幼儿教育和高等教育无偿化，以 2 万亿日元的规模向育儿一代、儿童一代大力投入财政资源，改革社会保障制度等。

二、日本的老龄化与家庭养老模式

（一）日本的老龄化进程

"老龄化"就是一个国家或地区人口年龄结构中老年人口占总人口的比重上升的过程。根据联合国老龄化指标，65 岁及以上老年人口在总人口的比重超过 7%，即进入"老龄化社会"（Aging Society）；老年人口比重超过 14%，进入"老龄社会"（Aged Society）；而老龄人口比重超过 20%，即进入"超老龄社会"（Super-Aged Society）。由老龄化社会到老龄社会所用的时间就是"老龄化速度"。以此指标来衡量，日本在 20 世纪 70 年代已经达到 7%，1994 年为 14%，2005 年超过 20%，进入超老龄社会（见表 6-5）。由此可以看

① 日本把需要进入保育所，但由于设施和人手不足等原因只能在家排队等待保育所空位的幼儿（0—6 岁），称为待机儿童。

出，日本人口老龄化的发展速度非常之快。

表 6-5　世界主要经济体老龄化速度对比

国家	65 岁及以上人口比重（进入年份）						所用时间（年）	
	7%	10%	14%	20%	25%	30%	7%→14%	10%→20%
美国	1942	1970	2014	2030	2067	—	72	60
中国	2002	2017	2025	2035	2046	2075	23	18
日本	1970	1985	1994	2005	2013	2025	24	20
德国	1932	1952	1972	2008	2028	2050	40	56
韩国	2000	2009	2018	2025	2031	2037	18	16
法国	1864	1943	1990	2018	2033	2076	126	75
英国	1929	1946	1975	2026	2049	—	46	80
俄罗斯	1967	1979	2017	2037	2093	—	50	58
意大利	1927	1964	1988	2008	2025	2034	61	44
加拿大	1945	1984	2010	2024	2050	—	65	40
澳大利亚	1939	1984	2013	2034	2072	—	74	50

数据来源：日本国立社会保障・人口问题研究所《人口统计资料集2021》。

自平成时期以来，日本的人口年龄结构发生了巨大的变化。1995 年，日本少年儿童人口占 16%，劳动年龄人口占 69.5%，老年人口仅占 14.6%；但是到了 2019 年，少年儿童人口比重下降到 12.1%，劳动年龄人口下降到 59.5%，而老年人口上升到 28.4%（见表 6-6）。目前，日本 65 岁及以上人口 3589 万人，占总人口数的 28.4%。其中，80 岁及以上人口 1125 万人，占总人口数的 9%，日本成为世界上老龄化程度最高的国家。

表 6-6　日本人口年龄结构变化

年份	0—14 岁（%）	15—64 岁（%）	65 岁及以上（%）
1995	16.0	69.5	14.6
2000	14.6	68.1	17.4
2005	13.8	66.1	20.2
2010	13.2	63.8	23.0
2015	12.6	60.7	26.6
2017	12.3	60.0	27.7
2018	12.2	59.7	28.1
2019	12.1	59.5	28.4

数据来源：根据日本总务省统计局《日本统计年鉴 2022》整理而得。

衡量人口老龄化的另一项指标是“老年人口指数”，也称“老年人口抚养比”，计算方法是“65 岁以上人口÷15—64 岁人口×100%”，该指标的含义是每 100 名劳动者所负担的老年人数量。1995 年日本老年人口指数为 20.9%，2005 年上升为 30.5%，2015 年达到 43.9%，而 2019 年上升到 47.8%。

日本还是世界上最长寿的国家之一。2019 年，日本男性平均预期寿命为 81.41 岁，女性平均预期寿命为 87.45 岁。从老年人来看，日本老年人口平均预期寿命也非常之高，在 65—69 岁年龄段，男性平均预期寿命达 19.83 岁，女性达 24.63 岁；在 80—84 岁年龄段，男性平均预期寿命达 9.18 岁，女性达 12.01 岁（见表 6-7）。日本认为其社会正在迎来“人生百年”的时代。

表 6-7　2019 年日本老年人口的平均预期寿命

年龄段（岁）	男（岁）	女（岁）	年龄段（岁）	男（岁）	女（岁）
65—69	19.83	24.63	85—89	6.46	8.51
70—74	15.96	20.21	90—94	4.41	5.71
75—79	12.41	15.97	95—99	2.94	3.64
80—84	9.18	12.01	100—	1.89	2.29

数据来源：日本国立社会保障·人口问题研究所《人口统计资料集2021》。

（二）日本的家庭养老模式

与人口老龄化密切相关的是养老问题。日本作为东方国家，具有悠久的家庭养老传统，“家”制度在日本起主导作用，家庭也是老年人援助系统的核心。日本老年人生活所必需的资源和援助基本上都是由家庭来保障的，战后的相关法律也鼓励人们进行家庭养老①。但是，随着人口少子化、老龄化的发展，日本的家庭养老模式经历了从传统家庭养老制度到现代家庭养老制度的巨大转变。

第一阶段（1945—1960 年），传统家庭制度转变时期。日本家庭养老是建立在儒教“孝”伦理和佛教的“不孝因果报应”理念的基础上，由长男单独继承家业、单独养老的“长子养老模式”。日本政府从维护体制的稳定性出发，对传统家庭养老给予了一定的温存、利用和保护②。1946 年颁布的新宪法否定了家长权，废止了“家”制度，否定了超世代单独继承的家产继承制和“家”秩序，确立了家庭中的个人自由、两性平等的原则。新宪法还规定，子女对老年

① 王伟：《日本家庭养老模式的转变》，载《日本学刊》，2004（3），98—109 页。

② 宋金文：《日本农村社会保障——养老的社会学研究》，15、24 页，北京，中国社会科学出版社，2007。

人赡养有“生活扶助义务”，国家对生活困难的老年人有提供相应的生活扶助责任。1959 年和 1960 年，政府分别实施了国民健康保险和国民年金保险制度，为以后在体制上从家庭养老向社会保障转变打下了基础。这一时期，“家”“同族”等基础社会关系仍有残余，家庭依然承担了大部分的养老职能。但随着工业化和市场化的深入发展，家制度逐步解体，家庭出现了明显的小型化趋势。城市中出现的工薪家庭不再是独立的生产经营单位，变成了相对独立的消费单位；农村经过农地改革，村落也基本丧失补充养老的作用。

第二阶段（1960—1980 年），家庭养老功能社会化时期。20 世纪 60、70 年代，“团块世代”逐渐步入结婚年龄，他们所受的教育使他们与父辈有着不同的家庭观，即向往小家庭，生育子女数量少，不重视祖辈家业的传承等，他们所组建的小家庭更适应工业化时期的日本社会需求，核心家庭占据了主要地位。这一时期，日本经济高速发展，生产力水平和劳动者收入大幅度提高，家庭仍是养老的主要依托，但随着家庭的多样化及家庭养老功能的弱化，通过社会化的方式弥补家庭养老的缺陷成为新的养老需求。家庭养老社会化的需求成为推动该时期社会保障制度发展的内在动力。与此同时，社会保障和社会福利在这一时期也得到进一步的充实和改善，老年人年金收入和医疗保障水平有了很大程度的提高。随着传统家庭向现代家庭的过渡，人们的养老意识发生了重大变化，家庭养老功能明显下降。

第三阶段（1980 年到现在），现代家庭养老模式确立时期。20 世纪 80 年代以后，现代家庭理念和家庭结构已经占据了不可动摇的主导性地位。同时，老龄化进一步发展，使现代家庭的缺陷逐渐暴露出来，家庭养老进入历史性转折期。由于家庭的养老功能弱化与政府强调家庭养老的矛盾进一步激化，老年人护理问题得不到很好的解决，政府不得不于2000年出台新的护理保险制度，解决人们对社会保障需求增加与政府财政不足的矛盾。这一时期养老需求的不断增加与家庭的结构与功能不能满足其需求的矛盾不断激化，一方面人们对社会保障的依赖进一步加深，另一方面社会保障财政出现明显不足。在这种背景下，日本政府提出了建立“日本式福利社会”的口号，重新强调个人与家庭的责任，并且对社会保障制度进行了改革。表6-8总结了二战后日本政府在家庭养老方面出台的代表性政策。

表6-8　二战后日本家庭养老的历史地位与作用

时段	代表性政策	家庭养老的作用与地位
第一阶段（1945—1960年），传统家庭制度转变时期	《民法》《生活保护法》《国民健康保险法》《国民年金法》	家庭养老方式在法理上发生动摇，家庭养老方式与传统养老方式逐渐割裂
第二阶段（1960—1980年），家庭养老功能社会化时期	《老年人福利法》《农业者年金法》	家庭是养老的主要依托，但社会养老是人们追求的目标
第三阶段（1980年至今），现代家庭养老确立时期	《老龄社会对策基本法》《护理保险法》	现代家庭结构和家庭理念占据主导地位；人们对社会保障的依赖进一步加深

资料来源：刘华伟：《老龄化背景下中日韩家庭养老研究》，硕士学位论文，28页，吉林大学东北亚研究院，2017。

目前日本的家庭养老借助完善的社会保障制度得到了重新发展。在经济支持方面，日本老年人的经济收入主要来源于公共年金收入和个人劳动收入，而源自家人的经济转移较少。根据厚生劳动省的统计，在2015年日本65岁及以上老年人家庭总收入中，由家庭提供的私人转移收入仅占5.6%，公共年金收入和劳动收入分别占总收入的67.5%和20.3%。而完善的养老金制度和护理保险制度的实施，使日本家庭能够集中力量解决老年人日常生活照料和情感照顾的问题。在日常照料方面，老年人照料逐渐与家庭脱离。从居住形态来看，20世纪90年代日本三代同堂的比例还达到40%，2015年三代同堂的比例仅为12.2%，老年人独居与夫妇同居的比例分别为26.3%、31.5%，日本的“同居型养老”传统已经改变。但是，2000年《护理保险制度》的实施使家庭养老得到了重新发展。这项制度是由专业人员对老年人进行入户访问指导、护理与机能训练，使老年人的日常照料和护理问题得到了解决。这些护理服务实施目的之一，就是减轻家庭负担，强化家庭关系，满足老年人在家中获取服务和社会参与的愿望。而且，随着家庭中妇女的照料负担减轻，家庭养老中的代际矛盾会有所减轻，有利于家庭成员之间感情的维系。然而，随着老龄化的发展，日本用于社会保障支出尤其是给老年人保障的支出不断增加，政府的财政压力也在不断增大，日本养老保障资金也捉襟见肘。未来日本家庭养老的发展趋势是继续依靠家庭作为养老主体，并且在老龄化持续加剧和社会养老费用扩大中寻找平衡。

第三节　“日本病”及其人口根源

经济学家们常把某种经济问题冠以典型国家的名字，如把资源开采业繁荣造成的制造业和农业衰落叫作“荷兰病”，把霸权国由盛转衰后经济发展长期停滞、综合国力持续下降的状况称为“英国病”，把过于慷慨的社会福利造成的经济低效率、缺乏活力乃至酿成主权债务危机的情况称为“欧洲病”，本书所说的“日本病”是指高速成长的经济体在经历“财富大爆发”之后，未能有效引导资本流向，任由资本无序扩张，从而导致资产泡沫的形成、膨胀和破裂，经济体由“财富大爆发”变为“财富大蒸发”，随即陷入长期停滞的经济现象。仅就长期停滞现象而言，其深层次原因除体制、机制等问题外，就是人口老龄化，因为严峻的人口危机导致储蓄率下降，社会负担剧增，劳动力短缺严重，从而严重侵蚀了经济发展的人口基础，使危机后的经济体再也无力重回高速成长甚至平稳成长的轨道。

一、“日本病”的症状

“日本病”的初期“症状”主要包括经济增长疲软；长时期通货紧缩；财政状况不断恶化；金融机构不良债权激增；企业的“三过剩”问题严重。时至今日，“日本病”的一些“症状”已经得到极大缓解（如金融机构的不良债权、企业的过剩投资），另一些却越来越严重（如巨额财政赤字的持续积累）。进入 21 世纪，日本逐渐摆脱了泡沫经济破灭的影响，但经济并未表现令人满意的发展势头，反而呈现新的“症状”，主要表现在以下两个方面：

第一，日本实际 GDP 年增长率由低迷、疲软转变为零增长、负增长。根据日本内阁府的官方统计数据，在“失去的二十年”里（1991—2012 年），日本的经济增长率平均仅在 0.24%左右。但如果以 2000 年作为分界，1992—2000 年，日本实际 GDP 尚能保持 1.53%的年均增长率，而到了 2000—2012 年，经过多年改革，日本金融机构不良债权大幅下降，银行体制逐渐健全，日本企业在10年的资本折旧、向海外转移生产和自身努力的作用下，过剩投资问题已得到有效解决，国际竞争力得到增加，但该阶段日本的实际GDP年增长率反而下降至－0.61％，大多数年份徘徊在零增长，这种情况十分反常。

第二，日本政府的经济刺激政策从低效变为无效。20世纪90年代以来，日本政府采取了一系列应对危机的政策，从桥本内阁到森内阁都以积极财政政策为主，虽然刺激效果并不显著且呈减弱之势，但总体效应还是正的。进入21世纪，除了小泉内阁实施紧缩性财政政策外，其他时期都基本采取了扩张性财政政策，刺激规模不断加大，到了第二次安倍内阁期间，日本政府试图以超常的财政刺激政策和激进的货币刺激政策摆脱经济停滞的局面，但即使把经济刺激政策推向了极端，日本经济也远未实现2％的通胀目标，停滞局面无根本改观，财政赤字规模屡创新高，日本银行的货币政策余地越来越小，日本政府的经济刺激政策已然失效。

面对日本十余年来的经济负增长和刺激政策无效，学术界进行了热烈的讨论，既有从产业政策、经济体制、国际环境等宏观层面解读，也有对终身雇佣制和年功序列制等微观层面的反思，主流看法可归纳为三个：泡沫崩溃导致的金融危机、国际经济环境变迁造成的产业危机和人口老龄化导致的社会危机。

第一种看法认为，20世纪90年代初的泡沫经济崩溃是日本步入“失落二十年”的发端，其后接连发生的亚洲金融危机和全球金融危机使日本受到极大的冲击，严重拖累了日本经济的复苏。但是，金融危机的影响并非仅限于日本，很多发达国家都能维持正增长或较快复苏，况且2008年全球金融危机之前日本经济就已经接近零增长了。也就是说，金融危机确实加快了日本经济衰落的速度，但并非根本原因。

第二种看法认为，在IT革命浪潮中，日本经济界不仅遭遇了美国的“堵截”，而且面临新兴经济体的竞争，双重国际竞争压力使日本丧失了在电子产业领域的“大片市场”。这种看法不能解释的是日本虽然未能在新科技革命浪潮中占据先机，但实力尚在，技术积累极为雄厚，在全球产业链条中仍居高端，持续多年的研发高投入使其创新能力仍属一流。因此，“日本病”在21世纪的长期持续及深化不能全部归于产业危机。

第三种看法认为，以人口超老龄化为主要特征的人口危机不仅直接减少了劳动力供应，影响了社会再生产的扩大，加重了政府债务攀升的压力，而且老龄化社会储蓄率的趋势性下降又导致日本社会越来越难以承担巨额国债的发行重荷，最终将经济拖入长期停滞的境地。从经济增长最基本的条件考虑，一个经济体只有同时具备了资本、技术和劳动力三项要素，才能实现可持续的增长，而作为全球老龄化程度最高的国家，深层次的人口年龄结构失衡正使日本逐渐丧失经济内生增长的基础。

本书认为，虽然金融危机和国际竞争环境等因素对于解释21世纪的“日本病”都有合理性，但并非根本原因，两者仅起到了加速日本经济衰落的作用。21世纪日本经济的长期零增长乃至负增长和经济刺激政策低效直至无效有其必然性。换句话说，即使金融危机的影响退去，日本在新技术革命领域搞出名堂，也未必能够弥补人口老龄化及超老龄化导致的结构性危机。因此，从长期来看，人口老龄化才是导致日本经济增长乏力最重要的结构性原因。

二、“日本病”的人口根源

现实中影响国民经济的力量错综复杂、相互纠缠，难以得到简单的结论，人口因素与经济之间的关系也是长周期的、双向的和非线性的，本部分要探求的主题是从伊斯特林的人口—经济长周期波动的视角[①]考察人口超老龄化对日本经济可持续增长和刺激政策有效性的影响。

虽然人们倾向于认为人口老龄化对经济增长的影响是“挑战与机遇并存”，但从实际情况来看是挑战大于机遇。从人口经济学角度看，社会总需求和社会总供给的状况是实现经济增长和刺激政策有效的先决条件，人口超老龄化通过劳动供给、资本形成和技术创新三个方面作用于社会总供给，通过影响消费需求和投资需求作用于社会总需求，最终通过降低社会总需求和制约社会总供给的方式瓦解经济增长的基础，并且制约了刺激政策在现实中的适用性。

在供给方面，合理的人口年龄结构是实现社会总供给的前提条件，15—64 岁的人口是处于生产年龄的人口，是劳动力供给的主体，而人口老龄化意味着劳动力在总人口中比例的下降，其重度化趋势将导致劳动力绝对数量的缩减。日本劳动力数量自 1996 年后开始进入负增长，进入 21 世纪，日本劳动力减少的速度明显加快，1992 年日本 15—64 岁人口中有 6031 万人就业，1999 年跌破 6000 万，2012 年仅有 5675 万劳动力参加就业，年均减少近 20 万人。根

---

① 西蒙·库兹涅茨（Simon Kuznets）较早地将人口变动与经济增长的波动联系起来，他断言，美国经济增长的波动是由人口变动中的外国移民迁入引起的，后来理查德·伊斯特林（Richary A. Easterlin）根据库兹涅茨的经济长波理论系统构造了联系人口增长、劳动力增长和经济增长的理论模型，其研究结果显示：在 20 年、30 年和 50 年的长周期内，人口变量和经济变量在各自独立的时间序列趋势之外，还体现出复杂的相互作用关系。参见 Easterlin R A. What will 1984 be like? Socioeconomic implications of recent twists in age structure [J]. Demography，1978，15（4）：397—432.

据2012年的一份调查，日本有28%的企业认为劳动力不足已经严重限制了企业的经营和发展，尤其是建筑业等劳动密集型行业。劳动年龄人口的消费往往小于收入，是社会主要的物质财富创造者和净储蓄群体，而老年人群体则是物质财富的净消耗者，日本进入“超老龄社会”后，处于最佳储蓄年龄的人越来越少，1980—2010年，日本的总储蓄率和总投资率分别下降了8个百分点和12个百分点。其中，日本家庭储蓄率从1991年的15%下降到2012年的－1.3%，而这一时段正是日本人口老龄化的加速期。

在需求方面，日本个人消费占到了GDP的60%，假设人均国民收入水平不变，人口老龄化深入发展导致的人口规模不断萎缩本身就意味着社会有效需求的降低。此外，虽然老年人掌握了大量的个人金融资产，政府也一直在倡导老年人增加消费，但老年人一般会保持以前的消费习惯，并且将个人金融资产配置在储蓄和保险上。从消费需求看，目前日本个人消费需求基本围绕在每月30万日元上下波动，增长空间有限；从投资需求看，人口超老龄化降低了企业资本支出的获利预期，因为投资的最终目的仍然需要相应的人口群体去消费；从消费与投资的互动来看，自泡沫经济破灭以来，日本民众一直不愿负债消费，除非家庭收入持续上涨，否则很难使消费支出增长，这种国内消费不振的局面反过来造成日本企业更加不愿提高工资、加大投资，由此形成恶性循环。因此，从长远来看，随着超老龄化的进一步发展和人口总量持续萎缩，日本国内需求已不可能再有大的上升空间，这也预示了未来日本经济增长率平稳下降的大趋势。

三、人口超老龄化对潜在产出的抑制

日本自20世纪70年代初即进入老龄化社会，20世纪90年代初

老龄人口占总人口比例超过14%，成为老龄社会，到2012年老龄人口比例超过23%，早已是超老龄社会了；1992—2012年，虽然劳动生产率的绝对增长在很大程度上保证了日本经济的正增长，但相比于1974年以来的平稳增长期，日趋严重的人口老龄化抑制了日本经济的潜在产出。由此可以看出，日本经济增长和老龄化程度之间有着长期的协同关系，这是人口再生产周期（20年左右）影响经济增长长周期变动的重要例证。本书以1974—1991年日本平稳增长期作为参照系，采用这一时期的年均劳动力人口增速作为虚拟的劳动力数量（WAP）增速，估算1992—2012年日本的劳动力增速下降直至负增长导致的潜在产出减少，以及潜在产出减少对实际GDP增长率的影响。首先，以虚拟的年均劳动力数量乘以年度劳动生产率和劳动力利用效率，得到劳动力增速不变的潜在产出；其次，该潜在产出与按实际劳动力数量计算的产出的差额即因劳动力人口增速下降而减少的潜在产出；最后，用减少的潜在产出除以上一年度的实际GDP，得到潜在产出减少对GDP增长率的具体影响。

表6-9 日本劳动力增速下降对经济潜在产出的抑制

年份	实际GDP（千万日元）	虚拟WAP计算的潜在GDP（千万日元）	WAP增速下降对GDP的抑制（千万日元）	WAP增速下降对GDP增长率的抑制（%）
1992	45230890	45547465	316575	−0.71
1993	45231350	45485640	254290	−0.56
1994	49561220	49935238	374018	−0.83
1995	50459430	50887674	428244	−0.86
1996	51594390	52078255	483865	−0.96

续表

年份	实际 GDP（千万日元）	虚拟 WAP 计算的潜在 GDP（千万日元）	WAP 增速下降对 GDP 的抑制（千万日元）	WAP 增逗下降对 GDP 增长率的抑制（%）
1997	52129540	52489505	359965	－0.70
1998	51091920	51589437	497517	－0.95
1999	50659920	51176514	516594	－1.01
2000	51083470	51632236	548766	－1.08
2001	50171060	50778647	607587	－1.19
2002	49800880	50508275	707395	－1.41
2003	50188910	50816999	628089	－1.26
2004	50276080	50873866	597786	－1.19
2005	50534940	51271685	736745	－1.47
2006	50910630	51677235	766605	－1.52
2007	51302330	52181359	879029	－1.73
2008	48952010	49728225	776215	－1.51
2009	47393390	48171702	778312	－1.59
2010	48023250	48666136	642886	－1.36
2011	47390480	47950766	560286	－1.17
2012	47447490	48455949	1008459	－2.13
合计	1039433580	1051902810	12469230	—

数据来源：作者根据相关数据计算得到。

表 6-9 给出了按照上述方法计算得出的 1992—2012 年日本劳动力增速下降导致的潜在产出减少值和对经济增长率的抑制作用。数据显示，1992—2012 年，日本因劳动力增速下降导致的潜在产出减

少总额高达1246923亿日元，劳动力增速下降严重抑制了日本实际GDP的增长率，2012年劳动力负增长对实际GDP增长率的抑制达2.13%。但相对总额而言，劳动力增速下降抑制日本潜在产出的趋势更加值得关注。统计数据表明，1992年劳动力增速下降对GDP的抑制产出为31657.5亿日元，对GDP增长率的抑制效应仅为0.71%，此后总体呈上升趋势，1999年抑制产出突破5万亿日元，抑制效应超过1%，2012年更是创纪录的突破了10万亿日元，抑制效应达到2.13%，而这些年实际GDP增长率仅分别为1.12%、－0.85%和0.12%。

综合以上两方面的分析，可以得出结论：泡沫经济崩溃以来，日本劳动力数量由正增长到负增长，再到快速减少，已经成为日本经济增长最严重的制约因素之一。它不仅使日本经济的实际产出受到抑制，还使这种抑制效应长期化、严重化。从中长期视角来看，日本社会自1970年即已进入老龄化社会，此后老龄化速度不断加快，程度不断加深，2010年日本65岁以上老年人口占总人口比重达到23.02%，日本官方预测，到2050年日本人口老龄化程度将达到38.81%，总人口也将比2010年减少3098万人。抛开人口超老龄化导致的社会保障费用激增等后果不谈，仅对经济增长而言就将造成灾难性的后果，劳动生产率即使提升得再快，也无法抵消劳动力和总人口数量下降对经济产出的抑制作用。

通过对“日本病”分析可以得出结论：正是人口超老龄化降低了日本的潜在经济增长率，瓦解了日本经济的增长基础，严重削弱了日本的综合国力，而人口惯性将使这一结构性问题长期存在，从而使日本经济面临平稳衰落的前景。

根据联合国数据，2012年全世界60岁以上人口占总人口比例达11%，到2050年这一数字将达到22%，到2020年将有13个国家进入“超老龄”社会。因此，人口老龄化已经成为21世纪各国面临的共同挑战。2014年，穆迪公司通过对55个国家和地区的研究得出结论：过去的几十年里，人口对经济增长的贡献一直很高，但从2014年开始到2019年，人口老龄化将导致劳动力减少、储蓄率下降，从而削弱经济增长的动力，使这些国家GDP下滑0.4%，2020—2025年将减少0.9%，并且对医疗保健、家庭结构、代际公平等各个领域产生冲击。因此，各国政府都在积极提出应对人口老龄化的政策，如泰国政府成立了以总理为主席的国家老龄事务委员会；韩国设立了多个阿尔茨海默病康复中心；美国制定了专门法案，设置相关管理机构，完善了社会养老保障体系，同时吸纳大量青壮年移民补充劳动力市场。日本应对少子老龄化的政策有成功的地方也有失败之处，其经验教训有很强的借鉴意义。

附表1　第二次世界大战后的日本人口增长

年份	总数（千人）	人口增长（千人）		人口增长率（%）	年份	总数（千人）	人口增长（千人）		人口增长率（%）
		自然增长	社会增长				自然增长	社会增长	
1946	75750	207	3471	49.9	1984	120305	758	−6	6.4
1947	78101	1460	1001	31.0	1985	121049	714	13	6.2
1948	80002	1720	323	24.3	1986	121660	630	−7	5.0
1949	81773	1756	150	22.1	1987	122239	620	−28	4.8
1950	84115	1532	31	17.4	1988	122745	537	−17	4.1
1951	84541	1366	1	16.1	1989	123205	476	−4	3.7
1952	85808	1284	3	15.0	1990	123611	417	2	3.3
1953	86981	1159	36	13.7	1991	124101	394	38	4.0
1954	88239	1067	9	14.5	1992	124567	374	34	3.8
1955	90077	1061	−5	11.7	1993	124938	322	−10	3.0

续表

年份	总数（千人）	人口增长（千人）		人口增长率（%）	年份	总数（千人）	人口增长（千人）		人口增长率（%）
		自然增长	社会增长				自然增长	社会增长	
1956	90172	1001	−8	10.0	1994	125265	351	−82	2.6
1957	90928	849	−10	8.4	1995	125570	297	−50	2.4
1958	91767	936	−7	9.2	1996	125859	307	−13	2.3
1959	92641	979	−11	9.5	1997	126157	288	14	2.4
1960	94302	911	−50	8.4	1998	126472	282	38	2.5
1961	94287	909	−32	9.3	1999	126667	212	−12	1.5
1962	95181	910	−8	9.5	2000	126926	226	38	2.0
1963	96156	991	−6	10.2	2001	127316	219	146	3.1
1964	97182	1034	1	10.7	2002	127486	195	−51	1.3
1965	99209	1099	4	11.3	2003	127694	115	68	1.6
1966	99036	791	−7	7.7	2004	127787	103	−35	0.7
1967	100196	1199	−4	11.7	2005	127768	9	−53	−0.1
1968	101331	1171	−1	11.3	2006	127901	1	1	1.0
1969	102536	1230	13	11.9	2007	128033	−2	4	1.0
1970	104665	1211	10	11.5	2008	128084	−35	−45	0.4
1971	106100	1324	−18	13.7	2009	128032	−59	−124	−0.4
1972	107595	1374	−8	14.1	2010	128057	−105	0	0.2
1973	109104	1402	−22	14.0	2011	127834	−183	−79	−1.7
1974	110573	1345	−4	13.5	2012	127593	−201	−79	−1.9
1975	111940	1242	−3	12.4	2013	127414	−232	14	−1.4
1976	113094	1160	−9	10.3	2014	127237	−252	36	−1.4
1977	114165	1081	−14	9.5	2015	127095	−275	94	−1.1
1978	115190	1034	−13	9.0	2016	126933	−296	134	−1.3
1979	116155	974	−14	8.4	2017	126706	−377	151	−1.8
1980	117060	894	8	7.8	2018	126443	−424	161	−2.1
1981	117902	823	2	7.2	2019	126167	−485	209	−2.2
1982	118728	808	1	7.0	2020	126227	—	—	0.5
1983	119536	789	2	6.8	2021	—	—	—	—

数据来源：日本总务省统计局《日本统计年鉴 2022》。

第七章　日本的对外经济关系

对外贸易、对外投资和对外援助是日本对外经济关系的“三大支柱”。第二次世界大战结束后，日本将贸易作为对外经济关系的重点。20 世纪 70 年代以来，日本对外投资发展迅速并与对外贸易相互促进，对外援助长期为日本的对外贸易和对外投资提供强有力的支撑和服务。

第一节　日本的对外贸易

由于人口稠密、国土狭窄和资源贫乏，日本为了发展经济就必须进口能源和原材料，而为了保证进口就需要出口产品和服务，因此扩大对外贸易是日本经济发展的必要条件。需要指出的是，国际贸易包括货物贸易和服务贸易等形态，但是在日本官方统计（如财务省的“国际收支情况”）中，贸易收支仅指货物贸易[①]。基于此，本书也仅讨论日本的货物贸易情况。

---

① 日本服务贸易包括运输，旅游，寄售处理服务，维修保养服务，建筑服务，保险、年金服务，金融服务，知识产权使用费，通信、计算机和信息服务，个人、文化和娱乐服务，其他商业服务，公共服务等多种内容，相关统计详见日本财务省网站，网址如下：https://www.mof.go.jp/policy/international_policy/reference/balance_of_payments/bpnet.htm.

一、日本对外贸易的历程

日本对外贸易经历了贸易管制时期（二战结束初期）、重商主义时期（20 世纪 50 年代）、贸易自由化时期（20 世纪 60—70 年代中期）、有节制地扩大进口和鼓励出口时期（20 世纪 70 年代中期—90 年代初）和扩大内需时期（20 世纪 90 年代中期至今），下面略述各阶段的贸易情况。[①]

在贸易管制时期，日本的贸易规模不大，外汇资金短缺，其进口主要限于国内急需的能源资源等，出口以劳动密集型的轻纺产品为主。1949 年 12 月，日本颁布《外汇及对外贸易管理法》（简称《外汇法》），这是日本管理外贸和外汇的基本法，是一元化管理外贸外汇的综合性法规，旨在通过控制外汇使用来管理对外贸易，目的是确保有效地利用外汇资金，有序地开展进出口贸易。根据《外汇法》，日本实施外汇分配制度和外汇交易预算制度，政府将有限的外汇分配还给重要部门，并且将进出口商品分为“外汇分配制商品”和“外汇自动分配制商品”两类，前者需要向通产省（经济产业省前身）申请取得外汇配额，然后向外汇银行申请进口，后者可以在外汇预算范围内由外汇银行审定即可。

20 世纪 50 年代，日本确立了“贸易立国”战略，同时实行“奖出限入”政策，即积极鼓励扩大出口，引进国外先进技术和设备，同时限制外国工业品和资本进入日本。1955 年，日本加入关贸总协定（GATT），对进出口贸易实行“原则自由”的政策，但并没有立刻全面开放国内市场，而是采取了拖延的策略。直到 1960 年，日本才开始走上贸易自由化道路，包括废除了外汇预算制度（1964

① 张季风：《日本经济概论》，363—367 页，北京，中国社会科学出版社，2009。

年），改变了“奖出限入”政策，逐渐放宽了对一些传统工业品和高附加值产品的进口限制政策等。这种转变不仅促进了国内市场的扩大，而且扩大了海外市场份额。

20世纪70年代中期以后，日本对外贸易政策再次发生重大转变，进一步放宽贸易管制，对进口商品采取了减少限制种类、降低关税、简化手续和扩大配额等措施。日本对《外汇法》进行了较大修正，并且将之与原来的《外资法》合并为新的《外汇法》（1980年12月1日正式生效）[①]。20世纪90年代中期以后，日本再次大幅度修改《外汇法》，废除了外汇银行制度，指定证券公司制度和兑换商制度等，对内外资本交易等实行事后审批制，以确保外汇业务的自由化。

值得注意的是，20世纪70年代以来，日美之间的贸易摩擦不断扩大化，美国将“301条款”作为重要的谈判工具，迫使日本接受了自愿出口限制、开放国内市场及国内经济结构改革等协议[②]。这些协议对于日本经济的影响是广泛而深刻的：从微观来说，日美贸易摩擦及其贸易协议对于日本先进制造业的影响是致命的；从宏观来说，美国的经济制裁和打压是造成日本经济长期萧条的重要原因；与此同时，日本利用美国压力在一定程度上推动了国内结构改革。可以说，日美贸易摩擦不仅是战后日美经贸关系的转折点，而且深刻影响了20世纪90年代之后日本经济的发展。

20世纪90年代中期以后，日本对外贸易起伏波动很大，在经历了长期萧条和日元大幅升值之后，日本政府开始意识到以出口拉

---

① 除《外汇法》之外，日本涉及贸易管理的法律还有《外汇管理令》《出口贸易管理令》《出口贸易管理规则》《进出口交易法》《关税法》等数十个法律，对贸易的每一个环节都有极其详尽的法律规定。详见冯昭奎：《日本经济》（第二版），350页，北京，高等教育出版社，2005。

② 裴桂芬，李珊珊：《美国“301条款”在日本的运用、影响及启示》，载《日本学刊》，2018(4)，85—106页。

动经济增长的做法越来越难以为继，于是致力于扩大国内需求，但是由于日本企业的国际竞争力极强，加之日本在东亚分工体系中处于高端，因此对外贸易额总体仍然呈上升趋势，特别是中间品和零部件贸易发展迅速。

进入21世纪以来，日本对外贸易规模总体呈“先升后降”态势（见表7-1）。2000—2012年，日本进出口总额总体呈上升趋势，从2000年的8618亿美元不断上升到2012年的16899.2亿美元，这也是迄今日本对外贸易金额的最高峰。从2013年开始，日本进出口总额不断下降，从2013年的15581.2亿美元一直下降到2019年的14264.5亿美元。2020年，受新冠疫情影响，日本对外贸易整体下滑，对大多数贸易伙伴（除中国外）的贸易额均有不同程度的减少，其中出口同比下降9.3%、进口同比下降11.8%。

表7-1 日本货物贸易规模变化

年份	出口		进口		贸易收支	
	金额（亿美元）	增长率（%）	金额（亿美元）	增长率（%）	金额（亿美元）	增长率（%）
2000	4807.01	—	3811.00	—	996.01	—
2001	4051.55	−15.72	3510.98	−7.87	540.57	−45.73
2002	4158.62	2.64	3368.32	−4.06	790.30	46.20
2003	4698.62	12.99	3815.28	13.27	883.35	11.77
2004	5650.39	20.26	4546.69	19.17	1103.70	24.95
2005	5982.15	5.87	5186.38	14.07	795.77	−27.90
2006	6472.90	8.20	5792.94	11.70	679.97	−14.55
2007	7127.35	10.11	6210.84	7.21	916.51	34.79

续表

年份	出口		进口		贸易收支	
	金额（亿美元）	增长率（%）	金额（亿美元）	增长率（%）	金额（亿美元）	增长率（%）
2008	7759.18	8.86	7560.86	21.74	198.31	−78.36
2009	5807.87	−25.15	5522.52	−26.96	285.35	43.89
2010	7670.25	32.07	6914.47	25.21	755.78	164.86
2011	8207.93	7.01	8530.70	23.37	−322.77	−142.71
2012	8013.35	−2.37	8885.84	4.16	−872.50	170.32
2013	7192.05	−10.25	8388.89	−5.59	−1196.84	37.17
2014	6942.70	−3.47	8171.03	−2.60	−1228.32	2.63
2015	6250.68	−9.97	6483.43	−20.65	−232.75	−81.05
2016	6445.79	3.12	6070.20	−6.37	375.59	−261.37
2017	6972.21	8.17	6709.71	10.54	262.50	−30.11
2018	7378.46	5.83	7481.09	11.50	−102.63	−139.10
2019	7056.32	−4.36	7207.65	−3.66	−150.83	46.96
2020	6399.50	−9.31	6357.07	−11.80	42.43	−128.13

数据来源：根据 JETRO、日本财务省“贸易统计”制作而成。

二、日本对外贸易的结构

日本对外贸易结构包括商品结构和地区结构两个方面。

从商品结构来看，日本是一个以出口资本品（机械机器类）为主的国家，2005 年以后，资本品占全部商品的出口比重虽然略有下降，但是一直维持在 50%左右；工业原料出口也占有重要地位，所占比重维持在 25%左右；耐用消费品所占比重维持在 15%左右。在日本进口商品中，工业原料占比最大（40%—50%），其次是资本品（25%左右），食品和其他直接消费品占比较小（10%左右）（见表7-2）。

表7-2 日本对外贸易的商品结构 （单位：亿美元）

项目	2005年	2010年	2015年	2020年
出口额	5982	7670	6251	6399
食品和其他直接消费品	27	44	48	74
工业原料	1252	1917	1509	1544
粗原料	66	105	92	94
矿物性原料	46	132	110	64
化学工业产品	521	765	616	738
金属	351	570	422	389
纺织品	66	67	59	53
资本品	3294	4042	3155	3181
一般机械	1217	1519	1195	1229
电气机械	1232	1353	1025	1078
运输机器	557	858	653	548
非耐用消费品	39	51	46	96
耐用消费品	1087	1144	1045	1001
其他	283	472	447	505
进口额	5186	6914	6483	6357
食品和其他直接消费品	501	588	581	609
工业原料	2431	3619	2992	2624
粗原料	283	492	348	393

续表

项目	2005 年	2010 年	2015 年	2020 年
矿物性原料	1322	1978	1507	1049
化学工业产品	376	587	615	706
金属	207	270	210	227
纺织品	46	56	64	39
资本品	1337	1629	1793	1888
一般机械	520	555	591	657
电气机械	596	829	922	899
运输机器	100	119	160	133
非耐用消费品	371	447	468	524
耐用消费品	421	456	489	550
其他	126	176	160	161

数据来源：根据 JETRO、日本财务省“贸易统计”制作而成。

在日本对外贸易的地区构成中，北美、欧洲和东亚地区所占比重最大。美国和欧盟所占比重呈下降趋势，2020 年分别为 18.4%和 9.2%，比 2000 年分别下降了 11.3 个百分点和 7.1 个百分点。相比之下，随着区域一体化的发展，亚洲所占比重稳中有升。日本对亚洲出口的稳中有升主要是由于中国和东盟等国家和地区经济的迅速发展，其中对中国出口呈明显的上升趋势，在 2020 年达到 22.1%，比 2000 年增加 2.5 倍。另外，中东、非洲、俄罗斯等地在日本出口中也占有重要位置。日本进口贸易的地区构成与出口贸易的地区构成大致呈同样的变化趋势。2020 年，在日本的进口贸易中，美国所占比重为 11.0%，欧盟为 11.4%，中东下降到 8.2%，韩国维持在

4%左右，中国则上升到25.8%（见表7-3）。

表7-3 日本对外贸易的地区结构 （单位：亿美元）

项目	2005年	2010年	2015年	2020年
出口额	5982	7670	6251	6399
东亚国家	2794	4092	3203	3542
东盟	761	1125	951	920
中国	803	1491	1093	1413
韩国	469	621	440	446
美国	1349	1182	1259	1180
中南美洲国家	251	440	279	213
欧洲主要国家	826	791	489	508
德国	188	202	162	175
法国	78	67	52	56
英国	152	142	107	107
意大利	58	56	36	38
荷兰	132	163	116	109
俄罗斯等独联体国家	52	92	61	73
中东	166	252	262	169
非洲	83	120	86	79
进口额	5186	6914	6483	6357
东亚	2193	2936	3106	3178
东盟	731	1006	980	998
中国	1091	1528	1607	1638
韩国	245	285	268	266

续表

项目	2005 年	2010 年	2015 年	2020 年
美国	645	672	666	696
中南美洲国家	161	284	254	280
欧洲主要国家	575	635	574	630
德国	180	192	203	213
法国	86	102	95	92
英国	68	63	65	64
意大利	69	68	75	105
荷兰	21	39	27	31
俄罗斯等独联体国家	68	172	172	121
中东	877	1180	791	518
非洲	99	117	115	86

注："欧洲主要国家"在 2005 年和 2010 年指欧盟 15 国，2015 年和 2020 年指欧元区国家。

数据来源：根据日本 JETRO、财务省"贸易统计"制作而成。

第二节　日本的对外直接投资

对外投资是日本对外经济关系的另一个重要组成部分，包括对外直接投资和对外证券投资，其中对外直接投资是指以开展持续经营活动为目的在国外设立独资或合资企业或取得外国企业股份等投资活动。本书主要分析日本的对外直接投资。

一、日本对外直接投资的历程

第二次世界大战结束以来，日本对外直接投资大致经过了起步阶段（1951—1970 年）、高速增长阶段（1971—1980 年）、急剧膨胀阶段（1981—1990 年）、波动调整阶段（1991—2010 年）和高位增长阶段（2011 年以后）。[①]

1949 年，日本政府修改了《外汇管制法》，自 1951 年开始允许企业进行对外直接投资，由此拉开了战后日本对外直接投资的序幕。1951—1970 年，日本对外直接投资数量较少，总额为 35.77 亿美元：1951—1960 年，投资额仅 2.83 亿美元，而且主要集中在资源开发行业；20 世纪 60 年代中期以后，对外直接投资规模才不断扩大，投资行业除了资源开发和旨在促进对外贸易的商业服务型投资外，还涉及食品、服装、烟草、皮革制品等劳动密集型产业。

1971 年底，根据史密森协定，日元兑美元汇率升值，这一举措虽然不利于对外贸易，但促进了日本对外直接投资；此外，美欧等国对日本的纺织、钢铁、彩电等产品实施自动出口限制，也刺激了日本企业扩大对外直接投资。1972 年，日本对外直接投资出现惊人增长，从 1971 年的 8.59 亿美元迅速增长到 1972 年的 23.38 亿美元，同比增长了 1.7 倍。因此，1972 年也被称为“日本对外直接投资元年”。到 1975 年末，日本对外直接投资存量已经达到 159.40 亿美元，仅次于美国、英国和德国。

进入 20 世纪 80 年代，日本企业开始大规模对外直接投资，特别是 1985 年“广场协议”后日元不断升值导致日本国内高工资、高

① 本节引用了马文秀、王立军等合著的《日本对外直接投资与国内产业升级研究》（人民出版社，2018 年）的部分观点和数据，编者进行了精简和修改。

地价、高基础设施费用，形成生产成本高、竞争力低下的局面，日本企业纷纷在海外尤其是亚洲各国寻求建立生产基地并利用当地廉价劳动力，占领海外商品销售市场。1986—1991年5年的对外直接投资额相当于1951—1986年35年的对外直接投资额；1989—1991年，日本连续3年成为世界最大对外直接投资国，仅1989年的对外直接投资额就高达657.4亿美元；1989年和1990年的对外直接投资额占世界对外直接投资额比例高达20.03%和20.82%。

进入20世纪90年代后，经历了“平成萧条”和两次金融危机（1997年东亚金融危机、2008年全球金融危机）的影响，日本对外直接投资呈现波动调整状态。同1986—1990年比，日本在1991—1997年的对外直接投资年均流量从320亿美元下降到220亿美元，几乎回到20世纪80年代初期的水平。从国际排名来看，日本对外直接投资在1992年和1993年退至第5位，1999年退出前10名榜单，之后有所回升，但到2010年也仅排在第7位。

自2011年以来，日本对外直接投资一直处于高位增长。2011年达到1088亿美元，同比增长了103.8%；2016年达到1785亿美元，之后略有下降，但是2019年达到历史最高峰，为2581亿美元。2020年，受新冠疫情影响，日本对外直接投资有大幅减少，但仍高达1523亿美元，超过2015年之前历年的水平（见图7-1）。从投资方式来看，战后日本对外直接投资进入方式多采用新建企业的模式，但是20世纪80年代日元升值以后，日本开始注重并购（兼并和收购）的方式，特别是对欧美地区；2010年以来，日本企业掀起新一轮海外并购浪潮，2015年和2016年海外并购额分别为646亿美元和852亿美元。

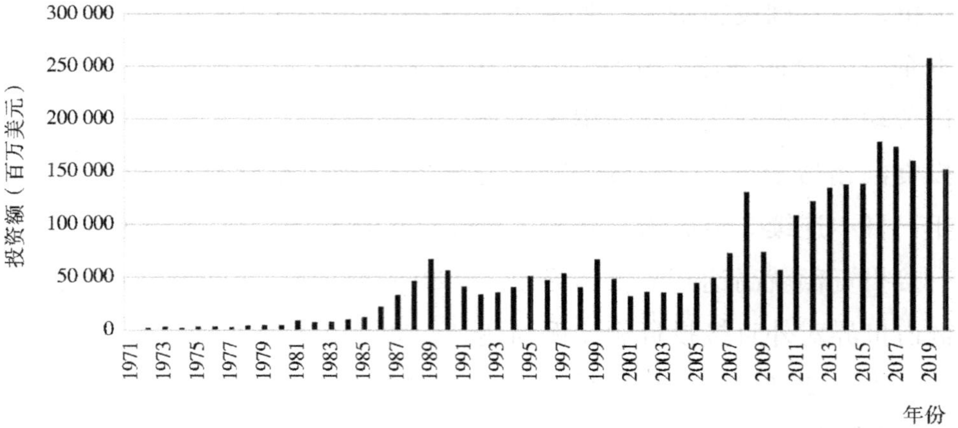

图 7-1　日本对外直接投资规模变化（1971—2020 年）

数据来源：JETRO“直接投资统计”。

二、日本对外直接投资的结构

日本对外直接投资结构包括地区结构和行业结构两个方面。

从地区分布来看，在对外直接投资初期，发展中国家和地区是日本选择的主要对象，特别是地理位置临近、运输费用低、工资水平低的东南亚地区；20 世纪 70 年代后，日本不断扩大对美欧等发达国家的投资；“广场协议”之后，日本一方面向东亚地区大规模转移劳动密集型产业，另一方面加大对发达国家的服务业投资①；20 世纪 90 年代之后，日本直接投资又开始向东亚倾斜。2008 年全球金融危机之后，日本加大了对外直接投资力度，对各地区的直接投资都明显增加，对外直接投资存量从 2010 年末的 8305 亿美元增长到 2020 年末的 1.99 万亿美元。从各地区占比来看，最近 10 年来日

① 张季风：《日本经济概论》，379 页，北京，中国社会科学出版社，2009。

本仍然将美国、西欧和亚洲（特别是东亚）作为对外直接投资的主要目的地，三地占比趋于均衡。其中，亚洲占比始终维持在 27%左右，美国长期保持在 30%左右，西欧占比从 2010 年的 22.7%增长到 2020 年的近 30%（见表 7-4）。

表 7-4　日本对外直接投资存量的地区结构

地区		2010 年末		2015 年末		2020 年末	
		存量（百万美元）	占比（%）	存量（百万美元）	占比（%）	存量（百万美元）	占比（%）
亚洲	亚洲全部	212708	25.6	359263	28.5	550703	27.6
	中国	66478	8	108902	8.6	143450	7.2
	韩国	15043	1.8	31492	2.5	41976	2.1
	东盟	90749	10.9	166997	13.2	277113	13.9
北美	北美全部	262339	31.6	435282	34.5	614772	30.8
	美国	251805	30.3	418928	33.2	591459	29.7
中南美		106978	12.9	71309	5.7	128153	6.4
大洋洲		43865	5.3	74403	5.9	98576	4.9
欧洲	欧洲全部	193499	23.3	304730	24.2	587919	29.5
	西欧	188861	22.7	299502	23.8	579373	29.1
	德国	15316	1.8	21207	1.7	45346	2.3
	英国	37956	4.6	89030	7.1	173996	8.7
	法国	16212	2	12882	1	16799	0.8
	荷兰	75995	9.2	106367	8.4	154856	7.8
	东欧、俄罗斯等	4638	0.6	5228	0.4	8547	0.4
	俄罗斯	1220	0.1	1807	0.1	2399	0.1
中东		4928	0.6	7115	0.6	8402	0.4
非洲		6145	0.7	8914	0.7	4800	0.2
世界		830464	100	1261020	100	1993330	100

数据来源：JETRO“直接投资统计”。

从行业分布来看，日本对外直接投资初期集中在能源开发，典型例子就是所谓“四大项目”，即1953年开发阿拉斯加纸浆、1956年在拉美建立米纳斯钢铁公司、1958年开发阿拉伯石油和1960年开发北苏门答腊石油，此时期也包括部分制造业投资。20世纪70年代，日本对外制造业投资开始迅速增加，大体经历了“资源密集型的矿业为主→劳动密集型的轻纺织业为主→重化工业为主”的结构转变历程；与此同时，日本银行业开始进行海外扩张，大银行纷纷通过扩充海外分支银行和设立海外金融机构，甚至采用向其他发达国家的国际投资银行参资方式，推进海外业务迅速扩展。20世纪80年代后，在日本对外直接投资构成中，化学、钢铁、一般机械、电气机械、运输机械等重化工业增长较快，纺织、食品、材料等轻工业比重显著下降，矿业等第一产业比重下降明显；而商业、金融保险、运输业、房地产业等第三产业迅速增长。20世纪90年代后，日本对外直接投资的行业结构不断优化，从劳动密集型行业转向资本密集型行业和技术密集型行业，电子、机械、金融保险等高附加值行业所占比重上升，轻纺和初级产品等劳动密集型行业比重下降。近年来，非制造业成为日本对外直接投资的聚焦点，其中的金融保险成为投资重点，连续多年都在100亿美元以上（2016年除外），2019年高达370亿美元，2020年新冠疫情暴发后也保持高位增长趋势。

表 7-5 日本对外直接投资的行业结构

项目	2005 年（百万美元）	2010 年（百万美元）	2015 年（百万美元）	2020 年（百万美元）	2021 年 1—6 月	
					金额（百万美元）	占比（%）
制造业	26146	17803	51027	67995	22705	26
食品	1685	2017	3564	14796	1499	2
纺织	416	377	403	410	122	0
木材和纸浆	826	1068	1015	2702	437	0
化工和制药	3363	7902	8830	10022	9326	11
石油	531	−837	−99	296	44	0
橡胶和皮革	831	634	1969	1533	452	1
玻璃和陶瓷	258	377	1568	2034	408	0
铁和非铁金属	1331	3873	2484	1500	537	1
一般机械	1296	4385	7962	−1609	3435	4
电气机械	4377	1361	8497	15512	1837	2
运输机械	8611	−3582	12895	18168	3439	4
精密机械	1419	51	875	1387	485	1
非制造业	19315	39420	85237	47702	65754	74
农林业	23	145	191	367	41	0
渔业和水产业	−44	47	91	27	2	0
矿业	1372	9061	4812	7207	4099	5
建造业	148	302	388	1630	140	0
运输业	824	2294	8098	1950	650	1
通信业	1712	9899	11806	−22174	8397	9
批发和零售业	4623	1946	13598	10642	16183	18
金融和保险业	9227	11397	34613	34847	28600	32
房地产业	−851	765	3716	2552	4625	5
服务业	1086	1596	5425	4891	578	1
合计	45461	57223	136264	115697	88459	100

数据来源：JETRO“直接投资统计”。

第三节 日本的对外援助

开发援助是国际机构、发达国家或民间援助团体对发展中国家提供的资金或非资金援助；其中，发达国家（有时特指 OECD 成员国）对发展中国家提供的援助称“政府开发援助”或“官方发展援助”（简称“对外援助”）。当然，随着发展中国家也越来越多地参与对其他发展中国家的援助，对外援助的概念不断扩大。1954 年，日本开始实施政府开发援助，经过近 70 年的发展，已经构建了完整且颇具自身特色的对外援助政策体系，如以日元贷款为主、援助地区相对集中、以基础设施建设为重点、重视“日本经验”输出和民间参与等。

一、日本对外援助的历程

日本对外援助政策共经历了四个阶段：[①]

第一阶段，1954—1972 年，日本对外援助以经济发展为目标，其特色是“战后赔偿”和经济合作“双轮驱动”。二战结束后，日本外交的一个重要课题是“战争赔偿问题”。“旧金山和约”规定日本需向受其侵略破坏的国家支付战争赔偿。[②] 日本在开展“赔偿外交”的同时，又积极对东南亚和南亚国家开展“援助外交”，两种外交策

① 学术界对日本对外援助政策的阶段划分有多种看法，本部分主要从援助目标的角度进行分析。详见赵剑治、欧阳喆：《战后日本对外援助的动态演进及其援助战略分析——基于欧美的比较视角》，载《当代亚太》，2018（2），92—125 页。

② “和约”规定，赔偿的主要形态是由日方向接受赔偿国提供劳务，但是由于“和约”对日本过于宽大，引起很多亚洲国家的反对，后又增加了提供生产物的赔偿形态。1955—1977 年，日本以实物和劳务等形态共向 11 个国家支付了总额相当于 15 亿美元的赔偿。参见冯昭奎：《日本经济》（第二版），373 页，北京，高等教育出版社，2005。

略相互促进，成为日本开展对亚洲经济外交的重要手段。[①] 此阶段日本对外援助的方式是通过向日本企业支付相当于战争赔偿金额的日元，再由企业向受援国提供商品和服务。很明显，这种援助方式带有很强的目的性，即扩大本国对受援国的原材料进口和制成品出口，[②] 还可以带动日企对受援国投资，从而推动了日本的对外贸易和投资。

第二阶段，1973—1991 年，日本对外援助开始注重战略目标和政治目标。20 世纪 70 年代，日本开始调整对外援助的目标，增加了“确保经济安全”等战略考虑。该阶段，日本将援助范围拓展至中东和拉美地区，目的是确保国内石油供给。20 世纪 80 年代至 90 年代初，日本对外援助不断注重“提高国际地位”等政治目标。20 世纪 80 年代以来，对外援助成为日本扩大政治影响力和解决国际矛盾的重要手段，因此对外援助的规模和范围不断扩大，在 1989 年成为世界最大的援助国并连续八年位居世界第一（1993—2000 年）。

第三阶段，1992—2014 年，日本对外援助的目标是谋求政治大国地位。20 世纪 90 年代初，日本对外援助转向“政治优先”，将对外援助与受援国的政治问题挂钩，如 1992 年日本出台的第一个《官方发展援助大纲》将对外援助与受援国的国内体制、军事开支、武器进出口等问题挂钩。21 世纪以来，日本不断调整对外援助政策。泡沫经济崩溃后，日本经济长期萧条，政府债务过高，国内要求削减对外援助的呼声开始高涨，这使日本政府不得不大幅削减对外援助预算。2003 年，日本对《官方发展援助大纲》进行第一次修订，强调对外援助必须服务“国家利益”和“人类安全”；2013 年，日

---

① 冯昭奎：《日本经济》（第二版），372—374 页，北京，高等教育出版社，2005。

② 王妍：《日本对外援助的发展及政策演变》，载《国际经济合作》，2014（7），51—56 页。

本安倍内阁通过的《国家安全战略》将对外援助视作确保国家安全的重要手段。[①]

第四阶段，2015 年以来，日本对外援助在经济发展、经济安保、国际地位和政治大国等目标之外，开始注重推广自身的价值观。2015 年，在实施对外援助 60 周年之际，日本政府推出了新的 ODA 大纲并命名为《开发合作大纲》。与之前相比，日本将《政府开发援助大纲》中的“政府”拿掉，又将“援助”改为“合作”，这标志着日本对外援助理念的转变和实施战略的调整。经过多年的经营，日本对自己的“软实力”有了足够的自信，认为其独特的价值观念也会被国际社会广泛认可，因此提出将自身的理念推广到对外援助政策中去，甚至希望能够塑造国际规范。[②] 但是，这种推广自身价值观的目标能否实现取决于多种因素，其效果尚有待进一步观察。

从规模来看，随着二战后日本经济的飞速发展，日本对外的 ODA 规模也不断扩大，成为世界范围内重要的援助国。1998 年亚洲金融危机后，日本国内经济开始下滑，日本重新调整对外援助政策，对外援助规模有所下降，在此之后，日本对外援助额在波动中上升。根据日本外务省数据，2019 年 ODA 规模为 146.82 亿美元。从地域分布来看，日本 ODA 主要分布在亚洲地区和非洲地区，其中亚洲地区占比超过 60%，中东北非和撒哈拉以南非洲分别占 10.29%和 10.58%。因此，亚洲是日本 ODA 的主要援助地区。近些年，日本大力推行“印太战略”，ODA 分布也体现了这一趋势，

---

① 《开发合作大纲》作为日本政府推行经济援助的纲领性文件，在明确日本政府推行对外援助的基本理念和原则的基础上，对外援助目的中愈发突出日本外交、安保政策指向，对外援助领域拓展到向受援国军队提供援助，对外援助对象突破了发展中国家的限制，瞄准对于日本外交、安保具有战略意义的地区和国家。参见王星宇：《日本对外经济援助政策新动向与中日“一带一路”合作》，载《当代世界》，2018 (7)，59—62 页。

② 赵剑治，欧阳喆：《战后日本对外援助的动态演进及其援助战略分析——基于欧美的比较视角》，载《当代亚太》，2018 (2)，92—125 页。

从亚洲地区内部构成看，2019 年东南亚占比为 25%，西南亚占比超过 30%，而在 2014 年，上述两个地区的比例分别为 31.3% 和 20.5%（见表 7-6），说明日本对亚洲地区援助的重点开始从东南亚转向西南亚。

表 7-6　2019 年日本双边 ODA 的地区分布

地区	赠予（百万美元）		政府贷款（百万美元）	支出总额（百万美元）
	无偿资金合作	技术合作		
亚洲	738.15	653.65	7580.34	8972.14
东亚	425.02	418.52	2957.58	3801.12
东北亚	37.31	24.82	56.41	118.54
东南亚	386.16	388.57	2901.17	3675.9
西南亚	217.67	202.11	4076.16	4495.94
中亚高加索	63.29	26.85	426	516.13
其他	32.17	6.18	120.6	158.94
中东北非	445.46	89.33	976.49	1511.28
撒哈拉以南非洲	675.71	310.5	567.24	1553.46
中南美洲	120.5	118.03	174.3	412.83
大洋洲	139.62	39.97	41.45	221.04
欧洲	13.12	13.97	49.93	77.02
其他	424.88	1500.79	9.17	1934.83
合计	2557.44	2726.24	9398.92	14682.6

数据来源：日本外务省《2020 年开发合作白皮书》。

从方式来看，日本对外援助的方式包括赠予和政府贷款。赠予即无偿援助，是指对发展中国家、地区无偿提供的合作，不课以偿还义务，为发展中国家、地区提供社会经济开发所需资金的无偿资金合作，活用日本的知识、技术、经验，对发展中国家进行人才培训的技术合作。因此，从内容上看，无偿援助可以被分为无偿资金合作和技术合作援助两种。政府贷款是指低利息且返还期限长的贷款，对发展中国家或地区必要的资金贷款，担负着对发展中国家或地区的事业实施的民间部门的法人等进行融资，或者出资海外投资融资，日本的政府贷款主要是通过日元贷款的方式进行。以 2019 年为例，政府贷款占日本对外援助的大部分，占比接近三分之二。

从领域来看，日本对外援助的领域范围比较广泛，主要包括三个方面：一是以减少贫困、使经济得到可持续发展而进行的援助，包括经济基础设施、社会基础设施援助及对生产部门的援助。具体来说，包括扩大地区交流及促进贸易投资的交通运输（道路、港口的建设等）、通信、能源、银行及金融服务、商业和其他服务等经济基础设施建设；教育、保健、安全的水、卫生、确保居住场所、医院和学校等改善社会基础设施建设；对生产部门如农业、林业、渔业、工业、矿业、建设等部门的援助。二是基于政治外交目的进行的援助，这类援助主要集中在法律援助和人道主义援助等领域。三是以应对全球课题为目的进行的援助，具体的援助领域有能源资源项目、应对环境和气候变化项目、防灾项目等领域。一般来说，经济基础设施的援助主要通过政府贷款来提供，而教育投入、水利工程、环境保护等有关民生的项目是通过无偿援助来提供。

二、日本对东南亚地区的援助

出于地缘政治和经济安全的考虑，日本对外援助长期关注亚洲地区。20 世纪 80 年代前，日本几乎所有的援助都集中于本地区，即使到 2014 年，对亚洲地区的援助仍占其整个援助的 58.3%；在亚洲地区内部，日本长期以来将东南亚地区作为重点援助地区。因此，日本对东南亚 ODA 非常典型地体现了日本对外援助战略的演变和特点。

从历程看，日本对东南亚的 ODA 肇始于 20 世纪 50 年代。基于不同的对外经济政治诉求，日本对东南亚国家的援助大致可以分为三个时期：一是 1954—1977 年的战争赔款时期，日本对东南亚国家的援助是以战争赔款为出发点，主要以提供商品和服务、经济技术合作、延期商品付款及日元贷款的方式来解决战争赔偿问题。二是 1997 年至 20 世纪 80 年代末的“福田主义”调整时期，经历世界石油危机后的日本更加认识到东南亚地区在其能源和原材料供应及对外投资和产品出口中占据重要位置，随即放宽援助条件，使其对东南亚地区的援助规模和范围迅速扩大。三是 20 世纪 90 年代以来，日本希望通过对外官方援助使其在亚洲安全和政治领域发挥重要作用，基于历史和现实的考虑，东南亚成为日本推行政治大国战略的重要一环。这一时期除了传统的经济援助外，日本在政治、安全等方面开展了广泛而深入的合作，援助方式也更加灵活。

从规模看，自 20 世纪 70—90 年代，除了个别年份有小幅度下降外，日本对东南亚的援助额呈平稳上升趋势，并且在 1999 年达到最高峰（52.49 亿美元）。2001 年以后，日本对东南亚的援助明显下降，这是由于亚洲金融危机后，日本经济不景气，故大规模缩减对外援助规模。进入 21 世纪之后，除了 2001 年、2013 年及 2014 年有较大波动以外，日本对东南亚援助数量基本保持在一个相对稳定的水平。仅从 2019 年和 2020 年来看，日本对东南亚援助额分别为

36.76 亿美元和 48.45 亿美元，同期对外援助总额分别为 146.82 亿美元和 169.09 亿美元，东南亚地区占日本对外援助的比重分别为 25%和 29%。

从国别分布来看，在 20 世纪 60 年代，日本对东南亚的援助比较均衡，整体相差不大，但是相对而言，日本对印度尼西亚、菲律宾的援助较多。在 20 世纪 70—90 年代，日本对东南亚国家的援助开始出现集中，主要援助资金流入马来西亚、印度尼西亚、泰国和菲律宾，并且在 1996 年终止了对新加坡的援助。2000 年以后开始转变，日本开始逐渐增加对湄公河流域国家的援助。从 2020 年来看，日本对东南亚地区的重点援助对象为印度尼西亚、菲律宾、缅甸、越南、柬埔寨和泰国，其中有 4 个国家位于湄公河流域。由此可以看出，印度尼西亚、菲律宾一直是日本 ODA 的重点国家，其原因在于印度尼西亚是日本的主要能源和资源进口国（如天然气、煤炭和石油），菲律宾也拥有丰富的自然资源和广阔的海洋资源，为了创造有利于开发利用印度尼西亚和菲律宾丰富资源的良好环境，日本一直对两国进行大量援助①。近些年，日本对越南的援助也大幅增加，一方面是由于日本对越南广阔的消费市场及投资市场的需求，另一方面是由于政治和外交需求。

---

① 韩晶晶．二战后日本对东南亚政府开发援助研究［D］．华中师范大学，2014：30—32.

表 7-7 2020 年日本对东南亚 ODA 的国别分布

地区	赠予（百万美元）				政府贷款（百万美元）	ODA 支出额（百万美元）
	无偿资金合作	通过国际组织赠予	技术合作	合计		
印度尼西亚	8.49	11.50	37.77	57.75	1312.02	1369.77
菲律宾	32.07	14.16	72.63	118.86	1032.28	1151.14
缅甸	71.89	31.39	47.10	150.39	943.13	1093.52
越南	25.25	5.19	43.66	74.10	546.33	620.42
柬埔寨	87.29	10.69	22.21	120.19	151.04	271.23
泰国	1.29	3.49	24.26	29.05	191.50	220.55
老挝	48.09	4.02	20.56	72.66	16.70	89.37
东帝汶	7.47	0.99	6.20	14.67	4.50	19.17
马来西亚	0.09	2.20	7.55	9.84	—	9.84
合计	281.95	83.62	281.94	647.51	4197.51	4845.01

数据来源：日本外务省《2021 年开发合作白皮书》。

从援助方式来看，日本对东南亚的 ODA 以政府贷款为主。在无偿资金合作、技术合作和政府贷款三种主要的援助方式中，日本一直倾向于政府贷款，而且大都以日元贷款为主。20 世纪 90 年代以后，日本经济陷入长期低迷，更加注重推行政府优惠贷款项目，即通过提供长期低息的大额资金对发展中国家大型基础设施建设进行扶持。从比例来看，日本政府贷款占 ODA 的比重大多数年份保持在 60%以上，1992 年高达 78.1%，1992 年之后占比虽然有所下降，但仍然是日本对东南亚援助的主要方式。无偿资金合作的比重较低，以 1985—1995 年为例，无偿资金合作在大部分年份占比都低于 15%，最低年份为 1993 年，占比仅为 8.9%，只有 1985 年、1986

年、1994年和1995年占比高于15%。日本对东南亚的技术援助比重也较低，只有在1985年、1986年、1994年和1995年中的技术援助额占总援助额的比重超过20%。由此可见，日本对东南亚国家的援助主要以政府贷款的形式进行，而无偿资金和技术合作等为辅助手段。

从援助领域来看，日本对东南亚援助的重点领域一直是基础设施领域，近些年逐渐重视法制和环保等方面。具体到不同国家和不同时期，日本ODA会有不同的侧重点。例如，在20世纪80年代，日本对印度尼西亚的援助主要集中在电力生产、水资源开发、公路建设、农业生产、技术援助、质量控制、文化援助等领域，这一阶段援助的主要目的是支持印度尼西亚工业化发展。而对菲律宾的援助项目主要集中在动力部门、工业化、电讯和运输部门、市政建设和港口等项目上，赠款援助则主要用于人力资源的开发、科研和员工的培训、采矿、灌溉和增加食物生产。对于马来西亚，日本援助的部门范围较小，在20世纪80年代主要集中在能源和运输两个方面，帮助其缓解工业发展过程中关键基础设施的紧张状况，赠款援助集中在教育、培训和文化发展。在20世纪50年代和60年代，日本对泰国的援助资金大部分投向了通信设施、高速公路、铁路、港口、电站等经济基础设施领域，以及教育设施、职业培训等社会基础设施领域。20世纪70年代中期至80年代中期，日本扩大了对泰国的援助规模，援助的方向也更加具体和实用，大量的资金用于帮助泰国调整产业结构和改善地方经济发展。从总体来看，日本ODA一直着力于东南亚国家的基础设施建设，而且主要集中在经济基础设施领域，如2012年日本在东南亚地区经济基础设施领域的援助金额高达总援助额的60.9%，远高于OECD国家的平均水平（35.5%）①。

① 张博文：《日本对东南亚国家的援助：分析与评价》，载《国际经济合作》，2014（4），38—42页。

第八章　日本的区域经济合作战略

日本对区域经济合作的关注由来已久，但直到亚洲金融危机后才开始真正地开启和推动区域经济合作进程，打造日本—东盟自贸区；2008 年全球金融危机之后，日本积极参加和推动 TPP/CPTPP 谈判；2013 年以来，由于国际政治经济形势变化，以及国内的人口老龄化、国债等问题日益严峻，日本积极调整区域经济合作战略，以增强日本的竞争力。在 CPTPP 已经建成的基础上，日本一方面积极与美国、欧盟和英国等发达国家签订贸易协定，另一方面参与和推动 RCEP 谈判。在新冠疫情暴发之后，国际经济形势不确定性增加，东亚区域经济合作环境发生重大变化，日本的区域经济合作战略也将进一步调整。

第一节　日本的区域经济合作进程

早在 20 世纪 70—80 年代，日本就倡导和推动过区域经济合作，如 1978 年日本首相太平正芳提出了“环太平洋经济合作构想”。此后，日本十分关注东亚和亚太地区的经济合作机遇。但是，每当遇到美国的阻挠时，日本就不得不放缓与地区各国的合作步伐。20 世纪90年代初，伴随着冷战结束和经济全球化迅猛发展，全球主要地区掀起了区域经济合作的新高潮。例如，美国、加拿大和墨西哥成立北美自由贸易区（NAFTA），欧共体也开始向欧盟过渡。在此背景下，东业各国也开始推动建立本地区的经济合作机制。亚洲金融危机暴发后，东亚各国更加认识到加强地区内部合作、共同抵御外部风险的重要性，东亚区域经济合作随之正式启动，日本也通过谈判和签署FTA/EPA的方式积极参与东亚区域经济合作。

一、"10+1"阶段：1998—2010年

自由贸易协定（FTA）旨在促进贸易和投资的自由化和便利化，以加强广泛的经济关系。但是，日本政府提出了"经济伙伴关系协定"（EPA）的概念，有意区分FTA与EPA。日本认为，FTA是旨在降低或消除特定国家和地区之间的商品关税和服务贸易壁垒的协议，而EPA是旨在加强广泛经济关系的协议，包括投资、人员流动、知识产权保护、竞争政策及贸易自由化等。这种区分对日本的意义在于可以规避一些敏感领域，同时纳入本国具有比较优势的领域。截至2021年11月，日本签署或生效的FTA/EPA一共21个，正在谈判的有3个（即日本—土耳其EPA、日本—哥伦比亚EPA和中日韩FTA），交涉中断的有3个（日本—海湾合作委员会FTA、日本—韩国EPA、日本—加拿大EPA）。其中，签署或生效EPA/FTA的情况如表8-1所示：

表 8-1 日本与各个国家/地区之间的 EPA/FTA

协定名称	签署或生效年份
日本—新加坡 EPA	2002 年 11 月生效，2007 年 9 月修订议定书
日本—墨西哥 EPA	2005 年 4 月生效，2007 年 4 月附加议定书，2012 年 4 月修订议定书
日本—马来西亚 EPA	2006 年 7 月生效
日本—智利 EPA	2007 年 9 月生效
日本—泰国 EPA	2007 年 11 月生效
日本—印度尼西亚 EPA	2008 年 7 月生效
日本—文莱 EPA	2008 年 7 月生效
日本—东盟 EPA	2008 年 12 月起依次生效
日本—菲律宾 EPA	2008 年 12 月生效
日本—瑞士 EPA	2009 年 9 月生效
日本—越南 EPA	2009 年 10 月生效
日本—印度 EPA	2011 年 8 月生效
日本—秘鲁 EPA	2012 年 3 月生效
日本—澳大利亚 EPA	2015 年 1 月生效
日本—蒙古 EPA	2016 年 6 月生效
TPP	2016 年 2 月签署，日本 2017 年 1 月签署
CPTPP	2018 年 12 月
日本—欧盟 EPA	2019 年 2 月生效
美日贸易协定/美日数字贸易协定	2020 年 1 月生效
日本—英国 EPA	2021 年 1 月生效
区域全面经济伙伴关系（RCEP）协定	2020 年 11 月签署

资料来源：日本外务省“日本经济伙伴协定（EPA/FTA）”。

2002年10月，日本外务省发表的《日本的FTA战略》明确阐述了日本推进FTA/EPA战略的政治经济意义，制定了谈判的原则和对象选择标准，明确了战略重点和战略措施；2006年4月，日本经济产业省在《全球经济战略》报告中提出了“东亚EPA构想”，通过了日本内阁会议的审议，此后“东亚EPA构想”正式成为日本推进东亚FTA和东亚共同体的战略。[①]

（一）贸易投资合作

2003年，日本与东盟签署了《全面经济伙伴关系（AJCEP）框架协议》，以加快日本与东盟的经济一体化为目标，逐步消除日本与东盟及各成员国之间几乎所有的货物贸易关税，取消服务贸易的歧视，加强投资领域的合作，最终实现货物贸易、服务贸易和投资的全面自由化、便利化。[②] AJCEP确定了建设日本—东盟自贸区的时间表，即2004年开始部长级磋商，2005年正式谈判，2017年全面建成该自由贸易区。2008年4月，AJCEP正式签署，根据协定，双方将在10年内基本上实现贸易自由化。在投资方面，日本—东盟FTA中并无专门的“投资协议”，但是从2002—2009年，日本分别与新加坡、马来西亚、泰国、文莱、印尼、菲律宾、东盟10国、越南签署了8项经济伙伴协定（EPA/FTA）。除分别与东盟、越南签署的经济伙伴协定之外，其他协定均对投资问题做出了详细规定。[③]

---

① 赵放：《日本FTA战略的困惑》，载《当代亚太》，2010（1），46—56页。

② 王勤，刘静：《日本—东盟自由贸易区的进程与前景》，载《东南亚研究》，2004（6），13—15页。

③ 史晓丽：《<中日韩投资协定>的构建》，载《东北亚论坛》，2011，20（1），3—18页。

表 8-2 日本与东亚国家签订的主要 EPA 及条款内容

EPA	生效日期	主要条款
日本-新加坡	2002 年 11 月	货物贸易、原产地规则、关税、无纸化贸易、相互承认、服务贸易、投资、自然人流动、知识产权、政府采购、竞争、金融服务合作、信息通信技术、科学技术、人力资源开发、贸易和投资促进、中小企业、广播、旅游、争端解决
日本-马来西亚	2006 年 7 月	一般规定、货物贸易、原产地规则、关税、技术法规、标准和合格评定程序、卫生与动植物卫生措施、投资、服务贸易、知识产权、控制反竞争行为、商业环境改善、合作、争端解决
日本-泰国	2007 年 11 月	货物贸易、原产地规则、关税、无纸化贸易、相互承认、服务贸易、投资、自然人流动、知识产权、政府采购、竞争、合作、争端解决
日本-文莱	2008 年 7 月	货物贸易、原产地规则、关税、投资、服务贸易、能源、商业环境改善、合作、争端解决
日本-印度尼西亚	2008 年 7 月	货物贸易、原产地规则、关税、投资、服务贸易、自然人流动、能源和矿产资源、知识产权、政府采购、竞争、商业环境改善和商业信心促进、合作、争端解决
日本菲律宾	2008 年 10 月	货物贸易、原产地规则、关税、无纸化贸易、相互承认、服务贸易、投资、自然人流动、知识产权、政府采购、竞争、商业环境改善、合作、争端解决
日本东盟	2008 年 10 月	一般规定、货物贸易、原产地规则、技术法规、标准和合格评定程序、服务贸易、投资、经济合作、争端解决
日本越南	2009 年 10 月陆续生效	货物贸易、原产地规则、关税、卫生与动植物卫生措施、技术法规、标准和合格评定程序、服务贸易、自然人流动、知识产权、竞争、商业环境改善、合作、争端解决

资料来源：作者根据 WTO statistics on RTAs 整理而得。

《日本—东盟全面经济伙伴关系框架协议》(AJCEP) 2008年12月在日本与老挝、缅甸、新加坡及越南之间，2009年1月在日本与文莱之间，2月在日本与柬埔寨之间分别生效。值得注意的是，这一经济伙伴协定虽然也包含了投资章节，但内容极其简单，其原因在于日本在东南亚经营多年，拥有大量的投资项目，因此日本在自由贸易区谈判中强调的是贸易便利化、商业环境、知识产权等促进投资的具体问题；此外，在日本与东盟国家分别签署的经济伙伴关系协定中都有专门规定。

(二) 货币金融合作

亚洲金融危机使东亚各国把货币金融合作作为优先事项：在合作应对亚洲金融危机的基础上推进区域内的双边货币互换网络并使其升级为区域外汇储备库，同时积极推进亚洲债券市场建设。相对于贸易合作，货币金融合作更具整体性和联合性，其目标在于努力避免或消除“全球美元体制”的弊端，谋求区域经济的稳定、持续发展。[①] 首先，日本积极参与东亚区域货币体系建设。东亚地区的货币合作起源于1997年亚洲金融危机，从危机爆发到2000年，本地区主要大国纷纷提出救援计划或构想，如日本政府提出“亚洲货币基金”构想，并且实施以“新宫泽构想”为核心的救援措施；中国政府实施“人民币不贬值”的政策措施也在很大程度上缓解了危机的蔓延。2000年，东亚各经济体才就区域货币合作问题达成共识，当年5月，“10+3”财长在泰国清迈共同签署了建立区域货币互换网络的协议，即《清迈倡议》(Chiang Mai Initiative, CMI)，其核心内容是建立具有互助性质的双边货币互换协议，不仅扩大了东盟

① 李晓：《东亚货币金融合作的路径选择》，见张蕴岭、沈铭辉主编《东亚、亚太区域合作模式与利益博弈》，141—155页，北京，经济管理出版社，2010。

互换协议（ASA），而且建立了中日韩与东盟的双边互换协议。2006年后，各国对《清迈倡议》的主要原则进行了修改，根据修改后的原则，各国在启动双边货币互换过程中将执行集体决策机制，这有利于《清迈倡议》由双边向多边过渡。《清迈倡议》的历史意义在于，这是有史以来第一项正式的、覆盖整个东亚地区的金融合作协议，而且是其后区域外汇储备库的肇始，是东亚货币金融合作一系列制度性成果的起点。从内容来看，《清迈倡议》有四个特点：一是政府间性质，履行协议主体为主权国家的中央银行；二是救援性，该协议仅提供紧急情况下的融资；三是依附性，协议框架内资金的使用与 IMF 的资金援助实行严格挂钩，只有 10%—20%的资金援助不受 IMF 贷款的制约；四是中长期性质，该协议资金使用期限为 3 个月到 2 年。[①] 在建立之初，《清迈倡议》的内在缺陷就已被认识到，如组织结构、贷款条件、规模等都受到批评，[②] 甚至被认为是象征意义大于实际意义，因此面临着改革和发展的问题。一般认为，《清迈倡议》改革的核心问题是将“清迈倡议多边化”（CMI Multilateralization，即 CMIM），以建立一个区域外汇储备库，作为避免未来地区金融危机或应对外部金融冲击的区域性措施之一。其次，日本与东亚各国共同建设区域债券市场。货币错配和金融体系脆弱被认为是诱发亚洲金融危机的重要原因，而区域债券市场的发展不仅可以缓解货币错配、改善东亚金融体系脆弱性，而且可以促进区域金融一体化，整合东亚金融资源。亚洲金融危机后，东亚经济体在建设和发展区域债券市场方面进行了大胆尝试；2002 年，泰国首先提出建立“亚洲债券市场”和“亚洲债券基金”的倡议，日本则提出了

---

① 张伯伟，彭支伟：《全球视角下的东亚经济合作研究》，75 页，天津，南开大学出版社，2014。

② 何帆，张斌，张明：《对<清迈协议>的评估及改革建议》，载《国际金融研究》，2005（7），16—22 页。

成立亚洲债券公司和发行“ABC 债券”的倡议。ABC 债券由日本学者在“10＋3”非正式会议上提出，即首先成立亚洲债券公司（Asian Bond Corporation，简称 ABC），然后由其购买东亚各经济体以本币计价的主权债券和企业债券，然后发行与其资产价值匹配的债券，称“ABC 债券”，ABC 债券将以各成员国货币组成的一揽子货币作为面值货币。2003 年，东亚各国达成一致意见正式启动亚洲债券基金，将投资于以美元计值的亚洲债券，初始规模为 10 亿美元，亚洲债券基金的启动意味着东亚区域金融体系正式进入建设阶段。此后，亚洲本币债券市场蓬勃发展，规模也由 1997 年底的 4053.1 亿美元发展到 2005 年底的 17350.6 亿美元，占全球本币债券余额的比重也从 1.58％上升至 3.77％。①

表 8-3　历次“10＋3”财长会议达成的关于《清迈倡议》的改革建议

时间	会议届次	改革的主要内容
2001 年 5 月	第 4 次	在此后 3 年里，对 CMI 框架下的主要原则进行评估
2004 年 5 月	第 7 次	对 CMI 进行第二阶段的评估，探求提高 CMI 有效性的方法
2005 年 5 月	第 8 次	采取措施以提高 CMI 有效性：提升“10＋3”经济监督进程并置于 CMI 框架之下；界定启用货币互换协议的过程并引入集体决策机制；将部分双边互换协议规模扩大一倍；改进资金提用机制

① 张伯伟，彭支伟：《全球视角下的东亚经济合作研究》，81—83 页，天津，南开大学出版社，2014。

续表

时间	会议届次	改革的主要内容
2006年5月	第9次	要求"10+3"副财长会议组织新的任务小组对提升区域流动性救援机制的各种可能路径进行深入研究，以将CMI多边化
2007年5月	第10次	原则上同意建立一个由单一契约协议约束的自我管理的外汇储备库，以此作为CMI多边化的形式；要求"10+3"副财长会议对CMI的关键问题进行深入研究
2008年5月	第11次	同意建立不少于800亿美元的外汇储备库；就借款适用条件、启动机制等关键要素进一步达成一致；各方承诺进一步加快工作速度，一边就借款的所有要素达成共识

资料来源：张伯伟，彭支伟：《全球视角下的东亚经济合作研究》，78页，天津，南开大学出版社，2014。

二、TPP/CPTPP 阶段：2011—2017年

2011年11月，日本表态加入"跨太平洋伙伴关系协定"（Trans-Pacific Partnership Agreement，简称"TPP"）谈判，虽然由于农业利益集团的压力而几经反复，但终于在2013年7月正式加入TPP，同时启动中日韩FTA和RCEP谈判。2016年11月10日，日本通过了TPP协议；2017年1月20日，美国总统特朗普宣布退出TPP，但日本依然坚持并主导TPP，基本保留了TPP的主要规则体系，并且将TPP改为"全面与进步跨太平洋伙伴关系协定"（Comprehensive and Progressive Agreement for Trans-Pacific Partnership，简称"CPTPP"）。

CPTPP等巨型FTA代表了区域经济合作的新趋势，即高水平区域经济合作趋势。之所以是"高水平"，是因为CPTPP包含了

"第二代贸易政策"。"所谓'第二代贸易政策'，是指影响国际贸易的国内管理体制和旨在解决国内深层结构性问题的政策。"[①] 与之相对应的贸易议题就是"第二代贸易议题"。与关注关税、配额等边界贸易壁垒的"第一代贸易政策"相比，"第二代贸易政策"的议题大多涉及边界内措施（Behind-the-Border）。"乌拉圭回合谈判"以来，各成员方通过实施贸易自由化与便利化承诺，使各自的关税与非关税壁垒大幅度降低，国际市场的准入程度不断提高。但是，各国内部深层次的管制协调与结构改革问题却日益突出，主要体现在缺乏跨国的立法与执行的统一与对接。美国、日本和欧盟等发达国家日益重视各国的内政结构与体制，在各个场合推广所谓"第二代贸易议题"。第二代贸易议题大致被分为四种类型并涵盖如下领域（见表 8-4）：

表 8-4 "第二代贸易议题"的类型与涉及领域

类型	领域
WTO 框架下已取得一定进展的议题	技术标准、服务、知识产权等
WTO"新加坡议题"	投资、竞争政策、政府采购、贸易便利化
WTO 框架下正在讨论但没有达成共识的议题	环境标准与劳工标准等社会责任议题
部分区域贸易协定和部分国家贸易政策创新性改革中涉及的新议题	管制改革、公司治理、消费者保护、国有企业、中小企业、全球供应链、电子商务等

资料来源：根据盛斌、郭慧敏《第二代贸易政策》（《中国海关》2011 年第 12 期）和盛斌《中国贸易自由化与未来贸易改革的议程》（《中国市场》2012 年第 37 期）整理而得。

① 盛斌，郭慧敏：《第二代贸易政策》，载《中国海关》，2011（12），77 页。

由上可以看出，第二代贸易议题涵盖了很多在WTO等多边贸易体制下争议较大、推进缓慢、成果有限但又极为符合发达国家比较优势的领域，同时包含了众多新兴产业所涉及的领域，如全球供应链就是适应“碎片化生产”提出的。TPP/CPTPP几乎涵盖了所有第二代贸易议题。

相对于WTO多边贸易谈判和其他区域贸易协定谈判中的议题，TPP/CPTPP更加强调对于非传统的第二代贸易议题的协调，这点不仅体现在货物和服务贸易的关税取消或减让方面，更体现在对“边界内问题”、横向议题和社会议题的强制性规定上。这使第二代贸易议题在谈判内容和谈判重点上都有着迥异于第一代贸易议题的特点，其转变趋势择其要者有如下三项：

第一，由边界议题向边界内议题转变。GATT/WTO多边贸易体制属于第一代贸易规则，全球性多边贸易体制重在解决关税壁垒和配额等边界问题，也就是对成员方进行边界措施的规范。WTO谈判虽也多次涉及劳工标准和环境标准等边界内议题，但并未有突破性进展；此外，大多数发展中国家反对将劳工问题、环境规制与贸易问题挂钩，多边贸易体制下的众多边界内议题在执行机制上并不做过多要求。而在TPP/CPTPP的核心谈判议题中，竞争中立政策、金融业监管与改革、环境标准、劳工标准等都是“边界内问题”；知识产权保护原本属于“边界规范措施”（如海关保护制度），但近年来展示了更强的市场进攻性，把自家的防线布置到别国境内，在保护本国市场的同时还抢占其他国家市场。[①] 这些第二代非传统谈判议题及其具体要求已经远远超出了国际贸易的范畴，涉及缔约方内部的经济体制，与各国国内的规章制度、法律法规直接相关，并

① 徐元：《知识产权贸易壁垒特征》，载《党政干部学刊》，2011（5），46—49页。

且具有难以量化、标准复杂等特点。

第二，由经贸问题向社会问题转变。与第一种转变趋势相适应的是，第二代贸易议题由经贸领域议题的谈判向综合性社会问题谈判的转变。在原来的多边贸易体制下，各谈判方着重贸易领域问题的磋商与协调，并不过多涉及一国国内的社会问题。但TPP/CPTPP包括的领域明显突破了传统的经贸议题范围，体现向社会问题领域转移的趋势，安全标准、技术贸易壁垒、动植物卫生检疫、市场透明、标准一致化等议题，不仅将影响缔约国（尤其是发展中经济体）外贸出口结构，还将对经济增长动力机制、知识产权保护、市场竞争结构、产品和服务的技术标准、新兴产业发展（如电子商务）等多方面造成深刻的变革。美国利用第二代贸易议题主导新一代贸易规则制定的意味十分明显。在这些非传统意义上的社会领域议题上，TPP/CPTPP不仅覆盖领域非常之广，而且其标准之高、要求之严格远超现存的FTA。①

第三，由贸易议题向贸易—投资—金融一揽子议题转变。第二代贸易议题不仅涉及国际贸易议题，还将更加注重贸易—投资—金融一揽子议题的磋商，市场准入领域已经从工农业产品市场准入向消除投资壁垒和服务业壁垒转变。投资、服务贸易等问题曾经在GATT/WTO框架内讨论过，但进展不大。比如，服务贸易自由化也是WTO推动的重要议题，但其成果仅限于签订了《服务贸易总协定》（GATS），在最为重要的金融服务贸易领域，各方虽然达成了《金融服务协议》（FSA），但该协议只是为金融服务贸易构建了一个开放的框架，没有更多的市场开放进展；“新加坡议题”早在

① 冯涛：《贸易自由化与劳工标准全球化》，载《中国社会科学院研究生院学报》，2006（3），99—103页。

1996年世贸组织第一次部长级会议上即已提出，但多年来并未取得突破。美国等发达国家认为，各国之间仍存在较多的投资和服务贸易壁垒，而包括新兴经济体在内的发展中国家对（金融）服务贸易的开放犹豫不决。所以，第二代贸易议题重在解决原来多边贸易体制下的“老大难问题”，贸易—金融—投资的全面自由化将是下一代贸易政策的主题。

在本阶段，日本之所以转向寻求以TPP/CPTPP为代表的亚太区域经济合作机制，主要有两点原因：首先，日本参与东亚区域经济合作的比较优势不再突出，不得不对国内政策偏好进行重新界定。尽管日本很早就对东亚经济合作提出倡议，但当东亚经济合作真正启动后，日本反而陷入被动，这主要由于泡沫经济崩溃导致国内经济实力受损和国内弱势产业的保护压力；[①] 而老龄社会正在逐渐瓦解着日本经济增长的基础，日本经济的潜在增长率已经降至0.5%；全球金融危机后，日本在东亚地区经济中的中心地位正在日益被中国取代。这些都使日本参与东亚区域经济合作的比较优势不再突出，其矛盾心理更加严重，即既对高水平区域经济合作有着巨大的需求（如地区消费市场建设能使日本获得更多的市场准入机会），又担心中国取得对区域经济合作的主导权，其现实选择就是不再把东区域经济合作作为优先选择，而是首先实现亚太区域经济合作。其次，日本参与区域经济合作的成本迅速上升，不得不对区域经济合作重新进行成本—收益权衡，尤其注重相对收益的权衡。深度经济一体化时期，日本参与区域经济合作的成本远高于此前的实践，一直以来，农业、医疗、金融等敏感部门一直是受保护的，但无论是参加TPP还是中日韩自贸区、东亚自贸区，日本都不得对这些部门进行

① 赵放：《日本FTA战略的困惑》，载《当代亚太》，2010（1），46—56页。

适度的开放。虽然日本也能因此收获巨大的政治、经济和战略利益，但参与不同区域合作框架带来的相对收益是不同的，如果优先实现亚太区域经济合作，日本就可以有效平衡中国在东亚区域经济合作中日益上升的影响力，增加自身在东亚区域经济合作中的相对收益；如果优先实现东亚地区的“10+3”合作，日本担心中国获取更大的相对收益份额甚至获得主导权。出于这种防备心理，日本开始全面调整和拓展区域经济合作战略。

三、全面拓展阶段：2018年以来

2018年以来，在CPTPP已经建成的基础上，日本加快与美国、欧盟和英国等发达国家推进巨型FTA谈判，同时积极推动东亚地区高水平自贸区建设。

第一，日欧EPA。2013年3月25日，日本首相安倍晋三、欧洲理事会主席范龙佩和欧盟委员会主席巴罗佐进行电话交谈，同意启动日本—欧洲自贸区谈判，此后经历多轮谈判，日本—欧盟EPA于2019年2月生效。双方承诺将包括农产品在内欧盟方面约99%、日本约94%的所有关税将全面取消外，同时纳入了数据流通和知识产权保护等广泛领域的规则。

第二，美日贸易协定/美日数字贸易协定。在美国退出TPP之后，与美国单独开启贸易谈判就成为日本区域经济合作战略的重要内容，但也充满了困难。2020年1月，日本与美国达成了美日贸易协定和美日数字贸易协定，这虽然是双方妥协的结果，但客观上也推动了日本区域经济合作战略的全面拓展。特别是在美日数字贸易协定中，日本大体上接受了美国提出的高水平数字贸易规则，使美式数字贸易规则模板得到大力推广。

第三，日英 EPA。日英贸易谈判开始不到 3 个月即达成大致协议，2021 年 1 月生效。英国希望在脱欧后推进独自的贸易政策，日方则期待强化日英关系。在日英 EPA 中，日对英约 94%的进口商品、约 99%的出口商品将撤销关税。在工业领域，英方将分阶段下调对日本汽车的进口关税，到 2026 年 2 月完全撤销；英对日铁路用车辆及零部件的进口关税则即时撤销，此外双方还确立了电子商务等数字贸易领域的规则。

第四，RCEP。2019 年之后，日本对东盟主导的 RCEP 谈判，态度也转为积极。RCEP 涵盖了全球近一半人口，占全球贸易的四成，占全球经济总量的 30%，而且包含未与日本缔结 EPA 的中国、韩国等重要的贸易伙伴，潜力巨大。2020 年 11 月 15 日，东盟 10 国及中、日、韩、澳、新 5 个国家正式签署了《区域全面经济伙伴关系协定》（RCEP），标志着全球规模最大的自由贸易协定正式达成。

至此，日本的区域经济合作战略发生了方向性调整，在今后的区域经济合作进程中，日本将在确保亚太区域经济合作（以 CPTPP 为平台）优先的情况下，积极与其他发达国家如美国和欧盟进行协调。日本政府之所以发生这样的战略调整，不仅是基于国际经济地位下降的国内政策偏好重新界定，也是基于成本—收益权衡下的国家重新定位，[①] 更是对域外大国全面介入东亚深度经济合作的一种利用。

从总体上看，尽管日本开启区域经济合作战略时开始带有一定的被动性，但 20 年来在自由贸易区等区域贸易合作机制建设方面的进展不可谓不大，参与程度不可谓不深。日本推动区域经济合作战

---

① 王金波：《日本区域合作战略调整与国家重新定位选择》，载《国际经济合作》，2015（7），52—58 页。

略的利益动机包括如下四个方面：

在经济方面，日本迫切需要采用 WTO 机制之外的方式保证日本同贸易伙伴的经济联系和整体利益，通过参与区域贸易合作机制的建设，可以带动长期停滞的经济增长，提高日本商品的国际竞争力。进入 20 世纪 90 年代，美国和西欧逐渐放弃多边贸易合作机制，选择区域经济一体化方式加强“后院建设”，因此日本有必要通过构建区域贸易体系抗衡美欧施加的越来越大的竞争压力。

在政治方面，日本原本并不急于与东盟共建区域经济合作机制，但中国率先表态同东盟建立自贸区后极大地刺激了日本，日本担心被东亚经济合作边缘化，因此开始转变战略，积极参与东亚区域贸易体系的构建；从内部来看，参与东亚区域贸易体系建设有助于推动日本的国内改革，因为经过泡沫经济崩溃的打击和长时间的经济萧条，日本战后高速经济增长的基础——国内经济体制暴露了诸多问题，但要改革这一体制则受制于国内的政治惯性，于是日本政府寄希望于通过区域贸易合作机制提高开放度，进而增强制度透明度，促进日本国内各方面的结构性改革，当然，即使如此还是受到了诸多利益集团的阻力。此外，应对中国日益强大的影响力也是日本各界人士心照不宣的政治收益，为此日本希望通过与东亚及域外力量的经济合作平衡中国。

在战略方面，日本开始积极利用域外力量施加给东亚地区的战略压力，以实现与美国的战略合作。东亚高水平区域经济合作意味着东亚各国将以更紧密的深度合作关系结合在一起，在这一进程中，日本的作用至关重要。而长期以来，受地缘政治因素制约，日本一直是美国的“远东之锚”，20 世纪 90 年代，日本由于国家定位不清曾提出“美日欧三极论”，但 1995 年、2004 年两次“入常”失败使其充分认识到自身并不具备中国那样依靠自身能力取得大国地位的能力，[①] 而要实现“正常国家化”的目标只能继续寄希望于美国。而对于影响东亚区域经济合作最强有力的域外力量——美国而言，拥有像日本这样的盟友是保障其在东亚战略利益的重要链条，二者具有极高的战略利益契合度。在这种情况下，日本积极利用施加给东亚地区的战略压力，积极回应美国的“战略呼唤”，实际上是协助美国全面介入东亚区域经济合作，一方面能强化日美之间日益增强的经济关系，另一方面能间接提高日本在东亚地区的战略地位。

在规则方面，通过参与区域贸易合作机制的建设，日本可以突破 WTO 的内在束缚，达成涉及服务、投资、知识产权、竞争政策、政府采购等超越 WTO 全球贸易“基线规则”的广泛的、较高质量的 FTA/EPA。[②] 国际经济规则体系一直以来都面临重构压力，发达国家希望推动更多的“超 WTO”规则，包括“WTO＋”和“WTO-X”，前者指 WTO 框架下既有规则的升级，后者指 WTO 框架没有涉及或没有达成一致的规则。对于 FTA 的规则水平，学术界一般通过“协定覆盖率”和“协定承诺率”两个指标进行衡量。通过测算，在“协定覆盖率”方面，日本签订“WTO＋”条款的平均覆盖率为 81.6%，但“WTO-X”条款的覆盖率仅为 24.6%，说明过去日本在签订贸易协定时，更加注重贸易条款的“实用性”，更关注贸易、投资相关的议题。但近两年，日本签订的协定在内容上更加注重议题的多元化发展，涵盖了大量新兴议题。在“协定承诺率”方面，日本签订的“WTO＋”条款的约束力指数均值为 84.4%，

① 王金波：《日本区域合作战略调整与国家重新定位选择》，载《国际经济合作》，2015（7），52—58 页。

② 全毅：《十字路口的东亚区域合作——东亚经济合作新思维》，93—94 页，北京，经济科学出版社，2011。

“WTO-X”条款的约束力均值仅为37.1%。近几年来，日本不断加快相关领域的谈判，贸易协定的约束力有了进一步提升，表明了日本争夺国际经济规则制定权的强烈欲望。

第二节 疫情冲击下的中日经贸关系

新冠疫情不仅改变了东亚发展的外部环境，而且改变了东亚地区内各国的互动模式，从而加速了日本区域经济合作战略的调整过程。为了尽快实现东亚经济复苏、稳定和升级东亚生产网络、应对全球市场风险，中日两国有必要深化经贸合作，但是日本不断强化的对华“两面性”政策成为两国深化合作的主要制约因素。

一、中日深化经贸合作的必要性

从地区环境看，日本经济的发展受益于东亚经济的整体发展特别是与中国的经济合作。受新冠肺炎疫情冲击，2020年日本对大多数经贸伙伴的贸易额均有不同程度的减少，但是中日双边贸易额稳步回升，特别是日本对华出口逆势增长，日本对华进出口贸易额在其总进出口额中所占比重均有所上升；中日经贸关系也呈现新特点，即两国在供给端和需求端的联系更加紧密，以中日为核心的东亚供应链彰显韧性。[①] 在新冠疫情冲击下，国际经济形势不确定性增加，面对东亚地区全面、复杂且深刻的变化，中日比以往任何时候都更需要紧密合作，但也面临着诸多制约因素。

① 李清如：《新冠疫情下中日双边贸易的特点与趋势》，载《日本问题研究》，2021，35（5），63—71页。

（一）实现地区经济复苏的需要

从世界范围来看，新冠疫情仍未消退，在疫情控制过程中，各主要经济体的生产停滞，店铺关门，工人失业，这种冲击不是简单地影响供给、需求或金融市场，而是经济的系统性停摆；但由于政府对社会治理能力和民众对政府信任度的差异，疫情对各个地区的影响出现很大差别。相较于欧洲和北美，东亚地区新冠病毒感染者特别是相关死亡病例在人口中所占比例得到了相当程度的控制，这使东亚在经济复苏方面明显更快。其中，中国已经较早地控制了疫情，并且在地区经济复苏方面发挥了增长引擎的作用，日本大型制造业企业的设备投资也趋于增加。但是，即使中日等东亚经济体较好地控制了疫情，作为全球主要资金、技术和最终消费市场提供者的美国和欧洲尚在疫情之中或尚未恢复过来，这导致全球的产业链、供应链和资金链出现断裂，中日等东亚经济体恐将成为全球经济中的“孤岛”。为尽快实现经济复苏，中日有必要携起手来，促进区域经济深度合作，形成新的地区经济增长点，助推国内和区域经济复苏。从投资与消费潜力来看，中日深化经贸合作能够在一定程度上降低区域外需求下降的影响。作为全球最大的制造业生产基地和重要的产品消费市场，中国将继续对全球开放，以切实行动支持全球疫情防控和世界经济贸易复苏。作为日本最大的贸易伙伴和主要投资对象国，中国是日本企业无法忽视的战略级市场。

（二）稳定和升级区域生产网络的需要

东亚生产网络是东亚区域经济合作的产业基础，但其形成和发展则得益于经济全球化下各国产业资本在东亚的集聚。本次疫情对全球经济体系的根本性冲击在于使人们认识到全球供应链与分销网络极易遭到破坏。因此，即使全球疫情完全过去，各国的社会心理和政策心理都会发生一定的变化，虽然这些变化尚无法完全被看清，但有一种趋势已经较为明显，即各国都在强化国民经济的“主权”色彩，各国会调整原有的生产、贸易和投资政策，部分产业链将回归本土或布置在周边，东亚地区的产业链却将因此而收缩、变短甚至断裂。作为东亚生产网络上的重要节点型国家，中日的产业发展将受到严重的负面影响。因此，稳定东亚生产网络并使之正常运转，不仅是中日双方的共同需要，而且有利于东亚各国疫后的经济复苏。

（三）应对未来更激烈的国际经济竞争的需要

从长远来看，在后疫情时代，发达国家之间、发达国家与新兴经济体之间将面对更为激烈的市场竞争。其根源在于，当前及今后世界经济中的一个新现实是，随着新一轮科技革命和产业变革的普及，世界工业生产能力将大大扩张；然而，世界工业制成品的市场份额并不会同比例、同速度扩张，供给的相对过剩必然驱动各主要经济体走向更激烈的市场竞争。与此同时，数字技术革命使传统的劳动成本优势大大下降，东南亚各国在新产业革命中面临着被边缘化的风险。东亚生产网络是东亚各国面对未来世界市场竞争时的重要依靠，中日双方只有携起手来共同推动东亚生产网络的数字化升级，才能应对这场更为惨烈的国际产业竞争。这是中日深化经贸合作最为深刻的经济动因。

（四）防控全球市场风险的需要

新冠疫情重创了全球投资者的信心，全球金融市场和大宗商品市场动荡不休。在疫情暴发后，全球股市严重不稳定，美股在一个月内多次触发“熔断”机制，如果任由金融市场继续波动，很可能演变为金融危机。为此，中国和日本有必要加强宏观政策协调，为实体经济复苏创造良好的融资环境。此外，为应对国内疫情，美国启动无限制量化宽松，全球流动性泛滥，中国和日本的外汇储备合计超过4万亿美元，而且同为美国国债最重要的海外持有者，在维护全球金融市场稳定方面中日存在较大的合作需求。疫情还使全球大宗商品市场起伏不定。众所周知，中国和日本是全球粮食、矿产和能源等大宗商品的重要买家，在疫情冲击和物流不畅的影响下，国际大宗商品在2020年出现过快上涨。能源安全和粮食安全向来是日本关注的重点领域，为稳定全球粮食市场和能源价格，中日两国在农作物良种培育、国际农产品贸易、国际能源市场风险评估和预警等方面存在较大的合作潜力。

二、中日深化经贸合作的制约因素

制约中日深化经贸合作的主要因素是日本的战略方向及相关政策，而日本对华战略取向又受制于日美关系和中美关系发展的大局。日本对经济利益的考量使中日深化经贸合作具有了很强的可能性，但是日本追随美国实施“去中国化”战略则增强了中日深化经贸合作的“离心力”。因此，日本这种不断强化的对华政策“两面性”成为中日深化经贸合作的主要制约因素。

如果说二战后影响日本经济外交战略的主要外部因素是美国的亚太及全球战略的话，那么随着地区实力格局的整体变化特别是中国日益崛起为经济强国，美国因素在日本对经济外交战略考量中的比重日渐下降，而中国因素对日本经济外交战略的外部刺激作用在持续增强。2013年，中国提出“一带一路”的合作倡议，得到60多个沿线国家和国际组织的积极支持；此后，中国提出并筹建了亚洲基础设施投资银行（AIIB）和多个致力于与新兴经济体和发展中国家合作的金融机构，并且在其中发挥了积极的引领作用。面对中国在短时间内取得的巨大成果，日本国内保守势力产生了恐慌与焦虑的心态，对中国的良好合作意愿产生了防范与警惕的战略心理，这对其经济外交产生了重大影响，日本开始对区域经济合作的预期收益重新进行判断和选择，而其根本原因在于地区实力格局的转换。2008 年全球金融危机后，东亚地区的实力格局发生重大转换：2010 年，中国经济总量超越日本，成为全球第二大经济体，尽管近些年中国经济开始转入“新常态”，但仍然继续保持着稳定增长的良好势头；反观日本，“安倍经济学”并没有将日本带出长期低增长的困境，而在“少子老龄化”等众多因素影响下，日本经济面临着平稳衰落的风险。中日经济迥然不同的发展趋势使两国的实力对比日趋悬殊，日本在东亚经济中的“火车头”和“发动机”地位已经被中国取代，日本正在逐渐丧失争夺东亚经济合作主导权的实力。因此，尽管中国多次表达了善意，但日本对“一带一路”倡议的矛盾心理更加严重：一方面日本对中日经贸合作和东亚区域经济合作有着巨大的需求，另一方面又担心中国成为东亚区域经济合作的中心。

新冠疫情冲击强化了日本对华政策的“两面性”。一方面，日本深刻意识到“中国崛起拦不住，美国力量靠不住”，如何在中美之间保持整体战略平衡成为日本外交的核心课题。2020 年 11 月，RCEP 正式签署，这显然是在中日双方共同推动下实现的，这也意味着中日在一些地区重大战略问题上存在利益交集。但是，另一方面，日本加强了对华防范措施，牵制中国、对冲中国影响力的成分明显增加。疫情暴发后，日本的经济战略进行了一定程度的调整，不仅力争在恢复经济和有效防疫之间取得平衡，而且着手从国家安全战略层面重新规划和制定经济产业政策。2020 年 4 月 7 日，日本内阁出台了《应对新型冠状病毒疫情的紧急经济对策》，提出“供应链改革”计划，准备以财政补贴支持日本制造业回流和生产基地多元化，有很强的针对中国的意味。尽管短期内日本企业尚不会将生产线搬离我国，因为它们“搬不起、舍不得、回不去、离不开”；但从长期来看，出于分散风险和缩短供应链以提高应急应变能力的考虑，日本政府今后可能出台更多的叠加政策，日本企业也将愈发注重供应链中的安全因素，其新增投资将本土化、分散化和区域化。在上述两种倾向的共同作用下，日本在通过对华合作获取经济利益、平衡对美依赖的同时，还将通过拉拢地区其他国家进一步扩大战略回旋空间，利用其主导的 CPTPP 平衡、对冲和抵消中国在东亚地区的影响力。

作为东亚最重要的两个经济体，中国和日本能否在地区重大战略问题上相向而行，对东亚区域经济合作具有至关重要的引领作用。面对后疫情时代东亚区域经济合作的新现实及中日经贸关系的新变化，中国应一方面继续支持东盟在东亚区域经济合作中发挥主导作用，另一方面设法抑制日本对华政策的消极面，有效调动其积极面，特别是要联合东亚其他国家，坚决打击日本为一己私利出卖地区整体利益的做法。

第九章　日本的海外基建扩张战略

作为海外投资和援助大国，日本的海外基础设施建设由来已久，其目的是以提供公共产品的方式提升国际地位。2009 年以来，日本政府逐步将海外基础设施扩张上升为国家战略，呈现以亚洲地区为重点投资方向、政府主导的官民协作推进机制、“以高质量为中心”的营销策略和“投建营一体化”的输出模式等特点。在新冠疫情冲击下，日本政府对海外基建政策的主要方向和具体措施进行了相应调整。

第一节　日本海外基建扩张战略的演变

传统上，基础设施建设属于经济发展问题。2008 年全球金融危机后，日本政府不断强化和突出海外基础设施投资的重要性，政策支持力度持续增加。从总体上看，日本海外基建扩张战略经历了由分散推进到系统推进的发展过程，战略地位不断提升，合作内容日益丰富。

一、海外基建扩张战略的形成

从 20 世纪 70 年代开始，日本就通过官方层面的政府开发援助

（ODA）等方式参与发展中国家的基础设施建设，并且与民间层面的企业对外直接投资形成了较强的互补局面；[①] 但是，此阶段日本的基础设施扩张[②]主要服从和服务于对外援助战略的大框架，并未在官方层面形成独立的、系统的、着眼长远的基础设施扩张战略。2009 年以来，为了顺应企业寻找海外商机的需求和最大限度地发挥资本输出的政治经济功效，日本政府逐步将基础设施扩张上升为国家级战略。

2009 年 4 月，面对愈演愈烈的国际金融危机和日益白热化的全球低碳博弈，日本政府出台了“新经济增长战略”，其中就包括改善低碳交通基础设施和向海外出口高铁系统等内容；但由于半年后麻生太郎内阁全体辞职，因此该构想并未得到真正实施。2010 年 6 月上台的菅直人内阁继承并发展了基础设施海外出口的构想，不仅出台了“新增长战略”予以突出，而且建立了相应的组织机构和实施框架予以推进。也就是说，最迟在菅直人内阁时代，基础设施出口就已经上升为日本的国家级战略。

菅直人内阁上台之初就制定了包括环境能源、健康卫生、区域经济合作、旅游观光和地方活跃、科技与通信、雇佣人才、金融等七大领域在内的“新增长战略”，并且从中筛选出 21 项“国家战略计划”，其中就包括“一揽子型基础设施出口”的国家战略计划。该计划旨在通过官民合作的方式支持民间企业的基础设施出口，如促进日本高速铁路（新干线）、城市供水排污设施和“环境城市”等基

① 刘华英：《从 ODA 看日本与亚洲经济的互补性》，载《现代日本经济》，2002（4），11—13 页。

② 实际上，一国基础设施产业海外业务的拓展不仅是一个国际贸易问题（如大型成套设备的出口），还是一个国际投资问题（如基础设施产业的对外直接投资）、一个国际金融问题（如相关的投融资支持），但日本官方文件此前称其为“出口”，近年则改称“扩张”，为前后叙述一致，本书一律采用“扩张”。

础设施产业的海外输出。[①] 为此，日本政府还设立了高规格的“国家战略计划委员会”（委员长为首相，委员由官方和民间人士组成），同时强化了驻外使领馆、国际协力机构（JICA）和国际协力银行（JBIC）在基础设施海外业务拓展方面的职能。此后，日本政府不断完善各职能部门间的协调机制，如设立了相关省厅的部门联合会及与之对应的“各部门联络干事会”，最终在官方层面形成了以内阁为中心的基础设施出口政策促进体系。至此，日本的基础设施扩张战略已经成型。

二、海外基建扩张战略的升级

安倍晋三第二次执政后，将基础设施海外扩张纳入《日本再兴战略》[②]。2013 年 6 月，安倍内阁提出了该战略由产业再兴计划、战略市场创造计划和国际开拓战略计划三个行动计划构成。其中，基础设施海外扩张和海外直接投资是国际开拓战略计划的关键性措施。安倍晋三还对此前几届政府的基础设施出口战略进行了整合和升级，使之更为系统化。

第一，进一步完善日本基础设施海外扩张的政策促进体系，设立了高规格的“经济协作基础设施战略会议”（简称“经协会议”）。作为一项国家战略，日本基础设施海外投资必然得到政府力量的引导和支撑，而政府各部门之间在政策的议程设立、方案制定、内容执行和效果评估等环节实现良性互动是最大限度地发挥国家政治力

① 所谓“环境城市”出口，指在“环境城市”建设上较先进的国家以其拥有的先进技术、丰富的经验和方法等为基础，从水、电、能源等基础设施及地面建筑物等硬件建设到城市服务、舒适性、法律制度等软件建设一体化输出，即开发或改造的“环境城市”模式本身成为输出商品。参见崔健：日韩“环境城市”出口模式比较》，载《环境保护》，2012（15），71—74 页。

② 2013 年 6 月，安倍内阁提出了该战略由产业再兴计划、战略市场创造计划和国际开拓战略计划三个行动计划构成，其中基础设施出口和海外投资是国际开拓战略计划的三项关键性措施之一。

量的关键。[1] 2013 年 1 月，安倍内阁提出“基础设施系统出口”的战略构想；同年 3 月，日本政府设立了经协会议，以此作为促进基础设施系统出口和海外投资的“总司令部”，并且提出了“将基础设施出口总额由 2010 年的 10 万亿日元提升至 2020 年的 30 万亿日元”的战略目标。

经协会议由内阁官房长官担任议长，组成人员包括副总理兼财务大臣、总务大臣、外务大臣、经济产业大臣、国土交通大臣和经济再生担当大臣等，因此规格很高。经协会议的内容集中在三方面：制定和修订基础设施海外投资的总体战略，确定投资的重点区域和重点领域，明确政府与企业的角色和具体输出方式等；经协会议的总目标是在保证日本海外人员安全的前提下，促进日本基础设施海外业务的拓展，以此确保日本稳定地获得海外资源，并且保障日本国际经济合作战略的有效实施。

第二，提出“基础设施系统出口战略”。以“一揽子型基础设施出口计划”为蓝本，安倍内阁在 2013 年 5 月的第 4 次经协会议上提出了“基础设施系统出口战略”，该战略不断根据国际政治经济形势进行修订。“基础设施系统出口战略”的核心内容：在政企关系方面，促进政府与商界的协作，同时强化日本企业的全球竞争力；在经营主体方面，民间企业和地方政府都要成为日本基础设施产业海外扩张的主要载体，同时要注重发掘和培育国际开发人才；在底层设计方面，要充分将日本的技术和经验渗透到基础设施项目当中，从而将日本国内标准发展成为国际标准；在尖端领域方面，推进新型尖端的基础设施行业对外投资，并且将基础设施合作与经济技术

① 陈庆云：《公共政策分析（第二版）》，1—5 页，北京，北京大学出版社，2011。崔健：《日韩“环境城市”出口模式比较》，载《环境保护》，2012（15），71—74 页。

合作充分结合起来；在能源矿产领域，要通过基础设施海外投资稳定且廉价地获得海外大宗资源产品，以此确保本国的资源供应。

表 9-1 “基础设施系统出口战略”的主要内容

五大方面	具体措施
促进官民协作，强化日企的全球竞争力，从顶层设计和长远角度推动日本基础设施体系的海外扩张	第一，多渠道、大力度推销本国基础设施产品，如“首脑推销”等方式；第二，深化经济合作战略，充分动员国内力量，有效利用各种支持政策，如日元贷款、国际协力银行、国际协力机构、日本贸易保险等；第三，强化官民协作体制，驻外使领馆、公私各部门、政府各省厅、JICA和JETRO等相关机构要定期讨论，实现信息共享，关注重点国家，系统管理和跟进相关项目；第四，开展广域开发，不仅要支持区域和跨区域的基础设施项目建设，而且要将交通基础设施建设和周边地区开发、基础设施建设和城市开发相结合，同时拓展日本信息通信系统的应用；第五，从上游（项目设计和确定）、中游（设备出口和工程建设）到下游（项目运营和维护管理）等各环节全面支持基础设施海外投资；第六，输出软实力，完善经营环境，特别是法律制度等商业环境基础设施的海外扩张，如构建基础设施海外投资的法律法规体系、派遣本国人才等
培育基础设施海外投资的经营主体，民间企业和地方政府要大力推进基础设施对外投资，培育国际人才	第一，不仅要重视系统化的大型基建项目，还要重视东道国地方和核心城市的中小型基建项目，为此要促进中小企业和地方政府的基础设施海外出口；第二，与基础设施建设相关联，要促进全球人才的培养，促进本国和东道国的人力资源开发，构筑与伙伴国的人才网络，同时进一步加强并有效利用亲日的人才网络；第三，通过本地化生产的方式进一步获取订单、增强价格竞争力、增强生产能力和设计能力、获得东道国的优惠政策，为此要进一步加强当地人才的培养、强化双边关系、完善当地的法律制度等商业环境

续表

五大方面	具体措施
充分利用日本的先进技术和施工经验，争取获得国际标准认证	第一，加强国际标准的采集，强化认证基础设施，普及节能基础设施、ICT 和下一代汽车等领域的“日本方式”；作为标准化的形式，除了关注国际标准和国家标准，还要重视事实标准；推广“高质量的基础设施体系”。第二，支持高效火力发电、核能发电、下一代汽车和低碳城市建设等日本先进低碳技术的海外出口。第三，利用先进的防灾经验和技术，引领防灾领域的主导地位，向海外推广日本的防灾基础设施
支持企业在新型基础设施领域的对外投资，充分利用信息通信技术优势	第一，开展新型基础设施领域的对外投资，在医疗领域，支持日本医疗技术和医疗设备的“走出去”；在农业领域，促进日本高效的农业基础设施的出口；在航空航天领域，支持卫星系统和使用系统一体化的航空航天系统，利用航空航天基础设施进行资源勘探和国土规划；此外，支持供水和污水处理行业、防灾产业、海洋基础设施、生态城市、超传导电磁石等尖端领域的海外开拓。第二，利用信息通信技术加强基础设施竞争力，如利用日本 ICT 领域技术能力强、人才众多的特点，促进信息通信技术在“高质量的基础设施”中的应用，以此进一步提高效率、改善服务、维护管理
确保获取供应稳定且价格廉价的海外能源及大宗资源商品	将基础设施系统出口与经济合作，特别是与能源领域的合作结合起来，确保日本的海外能源供应。具体而言，强化获取液化天然气的政策支持体系，推进相关制度改革；确保日本的海外石油权益，最大限度地加强日本公司海外石油权益的政策支持体系；确保矿产资源的获取，构建多元化的矿产资源获取渠道，重点支持战略性矿产资源的获取；对具有资源潜力的国家进行人才培养，通过知日派和亲日派人士强化双边关系，并且为其提供开发技术，特别是在非洲地区；强化多元化的煤炭供应体系

资料来源：第 24 次经济协作基础设施战略会议《基础设施系统出口战略（2016 年修订版）》。

第三，提出“高质量基础设施合作伙伴关系”计划，全面动员海外开发合作机构来推进该计划。2015 年 5 月，日本首相安倍晋三宣布了“高质量基础设施合作伙伴关系：面向亚洲未来的投资”的计划，提出日本将在未来五年内向亚洲提供总额约为 1100 亿美元规模的基础设施建设投资，并且吸引世界各地的资金进入亚洲基础设施建设领域，同时将设立为民间基建项目进行投融资的新框架，建立提供风险资金的新制度。

此后，日本全面动员现有的对外经济合作机构建立“高质量基础设施合作伙伴关系”。2015 年 11 月，日本正式公布了《高质量基础设施合作伙伴关系计划》的实施细则，主要包括四个方面的内容：一是通过日本国际协力机构（JICA）① 推进亚洲基础设施建设援助工作（如加强日本官方开发援助贷款的吸引力、鼓励私人投资、引入“特别风险准备金”等）；二是通过日本国际协力银行（JBIC）等机构增加对高风险项目的援助（如对能达到预期收益目标但具有高风险的海外基础设施建设项目提供资金支持；将投资保险期限从现有的 15 年延长至 30 年等；改变向当地政府谋求保证的做法）；三是深化与亚洲开发银行（ADB）的合作（如通过 PPP 等模式支持私人资本参与基建项目、与 JICA 联合提供贷款）；四是积极参与国际规则的制定（如将日本先进的技术向全球推广，促进日本基础设施技术标准的国际化）。

---

① 日本国际协力机构是日本对外实施 ODA 的主要执行者，承担 ODA 贷款、无偿援助和技术合作等项目。

第二节　日本海外基建扩张战略的特点

一、以亚洲地区为重点投资方向

“基础设施系统出口战略”追求全球覆盖，对投资的目标地区做了细致的划分，具体来说有“东盟区”“南亚、西亚、中东、俄罗斯及独联体、中南美区”“非洲区”和“发达国家”四大类。但是，东南亚和南亚是日本优先考虑的重点地区。

对于东南亚地区，由于地理位置的重要性和日本企业多年来的深耕细作，日本将东盟视为“绝不能输掉的市场”。日本政府强调从物理层面、制度层面和人员技术方面实现该地区的互联互通，其经济目的是促进地区内的零部件和产品贸易，进而确保日本企业始终位于区域供应链的上游；此外，区域内部基础设施网络的整合、贸易投资的便利化、技术标准和认证体系的统一将强化地区内部的商品贸易、资金流动和人员交流网络。日本在东南亚的基建项目沿“陆上走廊”和“海上走廊”分布，“陆上走廊”主要指“东西经济走廊”[①]，其走向是横向贯通中南半岛；在“海上走廊”方面，日本主要通过港口开发，建设连接马来西亚、新加坡、印度尼西亚、文莱和菲律宾的“海洋经济走廊”。在南亚地区，印度是日本最主要的投资对象国。目前日本还积极参与印度的五条工业走廊建设[②]，大力

---

① “东西经济走廊”自东向西联通越南岘港、老挝沙湾拿吉、缅甸毛淡棉，联结太平洋和印度洋。详见杨达：《日本对东南亚的联通政策构想及战略运作》，载《云南社会科学》，2018（2），130—139页。

② 冯立冰：《印日基建合作：进展与挑战》，载《国际问题研究》，2019（4），21—33页。

投资当地基建项目，争夺重要基建项目订单，比较著名的有孟买—艾哈迈达巴德高铁项目、金奈周边工业园项目、班加罗尔—金奈高速公路项目等。

从民间层面来讲，亚洲一直是日本企业最关注的地区。日本企业正在加大投资印度尼西亚、越南、缅甸和印度等人口众多、拥有巨大市场潜力的国家。作为日本最大的经济团体，经团联从 2013 年起就非常关注基础设施产业的海外投资，并且将其称为“战略性基础设施体系的海外扩张”，同时连续多年出台报告指导日本企业进行相关产业的海外投资。

表 9-2　日本经团联对亚洲国家基础设施重点投资领域的细分

国家或地区	重点投资领域
整个亚洲	物流基础设施，如铁路、机场、港口、LNG 接收站等；电力基础设施，如高效率的燃煤发电（超超临界燃煤发电，煤气化联合循环）、可再生能源（地热发电等）、电网（包括海下电缆）；通信基础设施；适用于中小型企业的基础设施、工业园区及周边基础设施；水利基础设施，如供水和污水处理、海水淡化、水质净化；电子政务，如利用 ICT 的进出口通关制度、社会保障体系等；交通基础设施，如智能交通系统、一体化的智能卡与缴费系统；网络安全基础设施
印度尼西亚	电力基础设施，如 35GW 电力开发规划，包括超超临界燃煤发电、地热能、小水电、海上 LNG 发电等；与电力相关的周边设施，如道路、电网、海上 LNG 接收终端等；雅加达大都市区投资促进特别区域（MPA）的优先级业务，如雅加达城市高速铁路（MRT）、供水和污水处理等；近海油气田的开发；石油炼制与石化工厂；优势环保技术的传播；防灾，如利用卫星和信息通信技术的灾害（洪水、地震和海啸）预警系统；通信基础设施；工业园区；电子政务，如信息通信技术在社会保障体系的运用；网络安全

续表 1

国家或地区	重点投资领域
菲律宾	电力基础设施，包括火力发电厂、水力发电厂、地热发电、送电网及周边地区的系统开发；物流基础设施投资，如苏比克港和八打雁港的维修及道路的改进；马尼拉新机场建设及周边基础设施（铁路、道路等）；城市轻轨，如连接市区和郊区的通勤线路；工业园区；采用日本式地上数字播放技术的相关事业开发，如交通拥堵信息和防灾信息发布系统；FIT（可再生能源固定价格收购）制度的地热发电中的应用
越南	骨干基础设施，如电力（火电，核电，电网，变电站）、公路、桥梁、铁路、机场、港口、供水和污水处理、工业废水处理、液化天然气基地；工业园区及周边地区的基础设施；电子政务，如利用信息通信技术的土地登记制度、社会保障制度和通关制度等；金融体系和金融市场的发展；智能交通系统；通信基础设施；网络安全；医药分销系统；自然资源和能源；海上石油和天然气的开发
缅甸	物流基础设施，如铁路、公路、港口、机场和桥梁等，特别是仰光环线道路和通往泰国等周边国家的道路；电力基础设施；天然气进口基础设施，如海上 LNG 接收终端、LNG 的存储基地和运输管道等；中小型企业工业园区的开发及周边的基础设施；水利基础设施，如供水和污水处理系统、海水淡化和水质净化系统基础设施的建设及运营；自然资源和能源，如海上石油和天然气的开发；迪拉瓦经济特区，如铁路、公路、港口和桥梁，仰光与迪拉瓦之间的道路
泰国	电力基础设施，如煤气化联合循环发电、智能电网；光缆；工业园区；高速铁路和城市轨道系统；防灾基础设施；供水系统和污水处理系统；废弃物处理；网络安全；等等

续表 2

国家或地区	重点投资领域
印度	电力基础设施，如燃煤发电（包括超临界压力）、核电、可再生能源发电、电网、变电站、系统稳定技术（大容量储能电池）等；高铁，如孟买—艾哈迈达巴德项目；城市交通，如地铁维修等；德里—孟买工业走廊（DMIC）和钦奈—班加罗尔工业走廊计划（CBIC）的推进；智能城市；工业园区，如支持中小企业产业集群的发展；供水和污水处理系统（包括海水淡化和废水回收利用）
孟加拉国	电力基础设施，如燃煤发电、进口煤炭中转基地，配送电网络、电力系统的国际互联互通；工业园区；达卡城市交通系统；防灾基础设施；通信基础设施
巴基斯坦	超临界火力发电厂；卡拉奇城市交通系统

资料来源：日本经济团联《战略性基础设施系统的海外扩张：主要国家的关注领域和问题（2016）》。

二、政府主导的官民协作推进机制

从战略实施的角度来讲，政府与企业等利益相关方就战略制定和实际运作上实现协同互动是最大限度地发挥国家与市场力量的关键。[①] 在基础设施系统出口战略的实施过程中，日本政府利用并强化了官民协作的推进机制，强调中央政府要对民间企业和地方自治体进行综合性、全方位和立体化的指导，并且通过构建庞大的政策支持体系来制度化地引导、支撑和保障基础设施系统出口战略的全面推进。

日本政府不仅在政策制定的过程中充分考虑企业界意见，而且

① 陈庆云：《公共政策分析（第二版）》，1—5 页，北京，北京大学出版社，2011。

在基建项目的立项开发、施工建设、设施运营和维护管理等方面都对民间企业予以充分的政策支持。对于民间企业的基础设施海外投资，日本中央政府各省厅都设立专门科室或加强原有科室职能为其提供政策指导，帮助民间企业寻求与其能力相适应的商业机会并顺利展开海外业务。此外，"基础设施系统出口战略"特别强调了中央各省厅、驻外使领馆、JBIC、JICA、JETRO、日本经团联、日本商工会等专业机构要实现信息共享，形成定期政策对话机制，及时跟踪相关项目进展，以此全方位支持日本民间企业的基础设施海外投资。

对于地方自治体的基础设施海外投资，日本中央政府也创建了以内阁官房和经协会议为主导、以相关省厅会议为核心的制度化政策支持体系。日本中央政府鼓励具有雄厚技术实力的地方政府投资海外基础设施产业，而对于供水、排污、垃圾处理、循环经济等优势领域，中央各省厅也设置了相关的咨询窗口。从具体实践来看，日本政府正在积极鼓励本国较为发达的地方政府发挥自身特色，将具有比较优势的产业部门出口到世界市场上，如地方自治体在日本"环境城市"出口方面扮演着重要角色，虽然中央政府并不直接参与该业务，但对地方自治体进行了充分的政策性支持与引导。此外，日本地方公共团体与民间企业之间也有着密切的合作关系，地方政府和地方公营企业也在努力培育具有国际竞争力的本地民间企业，如东京都、横滨市、北九州市、川崎市等积极为日本民间企业在中国、印度等国的水务和废弃物处理等领域提供支援。①

① 崔健：《日韩"环境城市"出口模式比较》，载《环境保护》，2012（15），71—74 页。

三、“以高质量为中心”的营销策略

日本政府将“高质量”作为其基础设施产业的比较优势。“高质量”的含义主要指五个方面：经济性、安全性、强韧性、环保性和外溢性。其中，经济性指的是基础设施的经久耐用、生命周期长。安全性强调的是日本建造的基础设施的安全可靠。强韧性指的是日本式基础设施具备较强的抗灾害能力。环保性指的是基础设施建设将能够最大限度地保护当地自然环境。外溢性指的是能够辐射当地的经济发展，并且对当地社会做出更广泛的贡献，如向东道国转移相关技术，培养当地的技术人才、开发当地人力资源等。

日本“以质量为中心”的营销策略还有更深一层的意图，就是向国际社会推广以其技术、经验和制度为核心的“日本方式”，并且通过此途径不断向国际社会渗透日本的技术标准，从而占据国际基础设施产业竞争的制高点。一般认为，技术标准是“指一组得到认可的关于产品、技术和工艺的特性及参数的规范”，它不仅是专利技术的接口、合法生产的基础、核心技术的保护伞，而且是新兴技术产业化的基础；它不仅能够实现不同产品之间的兼容、减少交易成本、提高经济效益，而且作为一种排他性的、不可复制的生产要素，能够给标准制定者带来垄断性的收益并形成符合自身利益的市场进入门槛；[①] 它既是技术领先者保持市场优势、规避竞争、获得超额利润的战略工具，而且是技术赶超者重塑市场竞争格局、实现跨越式发展的战略工具。[②] 因此，标准竞争是经济竞争理念高端化的必然结果，并且已经成为产业竞争的最高形态。[③]

---

① 邓洲：《技术标准导入与战略性新兴产业发展》，载《经济管理》，2014，36（7），19—30页。

② 邓洲：《技术标准导入与战略性新兴产业发展》，载《经济管理》，2014，36（7），19—30页。

③ 刘杰：《规则之战》，171页，北京，中国标准出版社，2012。

日本“基础设施系统出口战略”涉及了大量战略性新兴产业，如高速铁路、新一代汽车、医疗技术、医疗器械、海洋开发设施、可再生能源等，这些产业具有技术复杂和战略性双重特点，因而在其诞生之初就面临着强大的国际竞争压力。因此，日本在基础设施产业国际拓展的过程中高度强调日本标准国际化的重要性，将其视为基础设施海外拓展事业的重要支柱。事实上，日本向来重视标准国际化事业，2006年制定了《日本国际标准综合战略》，呈现“力度大”“目标高”“系统性”等特点。其中，“力度大”是指此为国际上首例由国家首相亲自主持制定的国际标准综合战略；“目标高”指的是由重点争夺发展为全面争夺并最终与欧美强国分庭抗礼；“系统性”指的是综合了技术、经济、政治和教育等方面，将各方面力量统合起来。[①] 在基础设施海外投资过程中，日本政府以健全的政策体系全面支持“日本标准”的“走出去”，通过技术合作、首脑推销、公共融资支持、完善认准基准等手段助推日本标准的国际化。因此，“基础设施系统出口战略”可以被视为日本国际标准竞争战略在基础设施领域的重要延伸，意味着日本不仅注重整个工程体系的移植，更加注重产业发展方向的锁定。

四、“投建营一体化”的输出模式

国际工程项目的业务流程一般包括投资、建设和运营三大板块，“投建营一体化”模式指的就是基础设施项目的投资、建设和运营由同样的主体承担并实现一体化。由于基础设施项目的资金量大、回收期慢、种类繁多、技术要求高，而很多国家政府的财政能力和治

① 刘春青等：《美国、英国、德国、日本和俄罗斯标准化概论》，122—125页，北京，中国质检出版社、中国标准出版社，2012。

理能力又都很有限，所以政府往往通过发包形式将项目委托给国内外私人机构，在这种“委托—受托”的过程中，如果受托方为不同的私人机构，就存在投资、建设、运营主体不一致的问题；如果受托方为同一个私人机构（或合资后的机构），投资、建设和运营的主体就是一致的，此即“投建营一体化”。[①]

在以往的基础设施项目建设过程中，日本企业主要集中在EPC（Engineering-Procurement-Construction）等上游业务领域，也就是“设计—采购—建设”环节，并且以大型成套设备出口为主。而欧美等国往往采取“投建营一体化”模式，其业务不仅包括项目开发、土木工程等上游板块，而且包括项目运营、维护保养、服务管理等下游板块，其运作模式：作为委托方，东道国政府通过特许权的方式将私人部门引入基础设施项目中；作为受托方，私人机构与东道国政府成立合资机构，在完成建设任务后继续在特许经营期内运营该项目；当特许经营期结束后，私人机构将该项目的所有权和经营权转交给东道国政府。[②] 从市场规模和业务利润来看，全产业链和全流程的“投建营一体化”模式要远远优于以一次性生产活动为主的EPC模式：一方面，EPC等上游业务板块的市场规模与其他上下游链条持平，如2013年全世界供水和排污设施相关投资为50.3万亿日元，其中维护保养、运营管理费用就高达30.9万亿日元；[③] 另一方面，“投建营一体化”模式，特别是特许经营业务的利润要远远大于工程承包业务，这为公司主业的发展奠定了坚实的基础，如法国

① 徐强：《基础设施项目建营一体化全球态势与中国策略》，载《国际经济合作》，2015（10），15—20页。

② 徐强：《基础设施项目建营一体化全球态势与中国策略》，载《国际经济合作》，2015（10），15—20页。

③ 杨伯江，刘瑞：《“一带一路”推进过程中的日本因素》，211—212页，北京，中国社会科学出版社，2016。

工程建筑业巨头、世界顶级工程承包商万喜集团（VINCI）的业务主要集中在特许经营和工程建筑两大板块，而特许经营以不足15%的营业收入贡献了超过60%的利润。[①]

在“基础设施系统出口战略”中，日本开始注重基建项目的“投建营一体化”，力推基础设施体系的全产业链输出，并且通过全部业务流程的整合来培育和发挥自身的竞争优势。2013年6月，日本政府首次明确提出要“从上游到下游，对基础设施项目进行全面支持”，意味着日本企业在基础设施项目竣工后不能“交钥匙走人”；在2016年5月的《基础设施系统出口战略》修订版中，日本政府强调从中长期视野采取综合措施，全方位支持日本企业从上游（项目设计）、中游（设备出口和工程建设）到下游（项目运营和维护管理）等各环节实现整体输出；与此同时，日本政府鼓励本国企业在东道国开展“广域开发”，也就是不仅要以此为基础开展跨国交通基础设施建设，而且要将交通基础设施项目与周边地区和城市的其他基础设施领域开发相结合，以此进一步拓展日本基础设施产业的海外市场。

第三节　疫情冲击下日本海外基建扩张战略的新变化

随着新冠疫情暴发对世界经济带来严重冲击，日本海外基建扩张的外部环境发生剧烈变化，日本政府认识到有必要对海外基建政

① 徐强：《基础设施项目建营一体化全球态势与中国策略》，载《国际经济合作》，2015（10），15—20页。

策的主要方向和具体措施进行相应调整。在经过长时间筹备之后，日本于2020年12月召开第50次“经济协作基础设施会议”，通过了《基础设施系统海外扩张战略2025》（以下简称“新战略2025”），并且将之作为新的国际形势下推动海外基建扩张战略的总规划。本节通过对“新战略2025”的文本进行阐述，分析日本政府对海外基建扩张战略做出的新部署。

一、海外基建扩张战略的新目标

在“新战略2025”中，日本政府分析了当前国际形势的变化情况，据此制定了三点主要目标：通过应对碳中和、新冠疫情和数字技术变革等，提高日本企业的国际竞争力；通过输出“高质量”基础设施，提高日本标准的国际影响力；通过海外基建投资，实现日本的外交战略。

（一）通过技术创新和业务重组，提高日本企业的国际竞争力

第一，在“巴黎协定”框架下，各国纷纷提出碳中和目标，应对气候变化将引起各国产业结构和经济社会变革，特别是发展中国家将面临更大的冲击。在这种情况下，日本将绿色创新作为其新的成长战略，并且以新能源技术为载体推动相关基础设施的出口，以此参与到发展中国家的产业结构升级过程中，为适应全球产业链变革奠定基础。

第二，新冠疫情对各国的社会经济带来巨大冲击，日本对海外供应链的中断做出紧急应对，同时为疫情结束后的经济复苏做准备。日本政府提出，应以海外产品和零部件生产的分散化为目标，使供应链得到强韧化和优化。特别是在与东盟各国的关系上，日本提出了“关于经济强韧性的共同倡议（2020年4月）”和“日本—东盟

经济强韧化行动计划（2020 年 7 月）”，以此强化日本和东盟之间的供应链产业链合作。

第三，随着数字技术、AI、大数据等新技术在生产和社会层面应用度的提高，数据及数字技术的应用成为基础设施领域的重要因素。因此，日本要利用所积累的基础设施建设优势，对基础设施运行获得的数据进行活用，通过硬件设计、设置和运行的高度化和新服务的提供，推进日本企业的转型升级。与此同时，为了提高企业的竞争力，日本提出将尽可能确保对项目的主导权，推进与其他国家企业和当地企业的商务合作。

（二）通过输出“高质量”基础设施，提高日本标准的国际影响力

日本认为，在大国基建竞争的背景下，要想胜出就要通过高质量基建解决区域和全球公共问题。随着联合国可持续发展目标（SDGs）的普及和提高生活质量措施的推进，国际社会普遍认识到基础设施的价值不仅仅单纯在于其自然性质，还在于对当地居民生活水平提高做出贡献的社会属性，新冠疫情的蔓延更是加强了人们对这一观点的认可度。特别是在海外基建竞争日益激烈情况下，广大发展中国家在接受大国基建的过程中表现“不轻易选边站”的态度，所以日本应率先处理如何更好地契合东道国的利益取向，以及如何解决东道国发展面临的社会问题。

日本政府认为，随着新冠疫情影响的扩大，要向东道国持续提供符合可持续发展要求的“高质量”基础设施，以此提高日本标准的国际影响力。例如，为了帮助东道国在中长期实现碳中和目标，日本要向各国提供对应其经济发展阶段和面临的课题所需要的能源转换、脱碳化解决方案。为实现这一目标，日本除了 ODA 以外，还

要最大限度地动员民间资金；同时，与当地合作伙伴合作开发符合发展需求和资金能力的项目，继续培养当地人才，推进与当地共享的事业模式。

（三）通过基建投资，实现“印太战略”

2016 年 8 月，安倍晋三提出“自由开放的印度太平洋”（Free and Open Indo-Pacific）战略。根据日本官方文件，“印太战略”有三大支柱，分别是“促进和建立法治、航行自由和自由贸易”“追求经济繁荣”和“致力于和平与稳定”。[①] 其中，以大规模基础设施投资实现物理联通、人才联通和制度联通是“追求经济繁荣”的主要内容，其他两大支柱的内容（如确保海上通航自由、提高海上执法能力等）也依赖于基础设施提供物质支撑。

近些年，日本通过“四方安全对话”机制（QUAD）逐渐加大在基础设施领域的合作，强化对“印太地区”的影响力。2020 年 10 月，日、美、澳表示为帕劳海底光缆项目提供资金，引领地区数字基础设施建设；2020 年 11 月，日、澳首脑会谈强调要加强在数字关键基础设施（5G 网络和海底光缆）等方面的合作。日本政府还认为，要充分利用海外基建扩张带来的国际合作网络和人才网络等优势，打造符合日本利益的地区发展模式，特别是要以新冠疫情的全球蔓延为契机，开展针对流行性治疗药物和疫苗开发的国际合作。例如，2021 年 3 月，美、日、印、澳四国首脑举行安全对话，决定利用四国优势共同打造“疫苗联盟”以援助东南亚国家。除此之外，日本还联合美国、印度和澳大利亚共同打造“供应链强韧化论坛”和“供应链强韧化倡议（SCRI）”等，促进数字供应链的可视化。

---

① 日本外務省．自由で開かれたインド太平洋[R/OL](2022-05-16)[2022-06-17]. https://www.mofa.go.jp/mofaj/gaiko/page25_001766.html.

二、海外基建扩张战略的新内容

（一）应对新冠疫情冲击

第一，通过日本医疗研究开发机关 AMED 推进海外医疗研究中心的传染病研究，以建立传染病控制中心，完善医疗设备和卫生用品的供应链网络。

第二，鼓励和引导政府和私人部门利用日本国际协力机构（JICA）、国际协力银行（JBIC）、日本贸易保险（NEXI）等机构的职能，对基础设施进行更新改造，并且确保基础设施建设的资金来源。

第三，加强与东道国政府的交流合作，考察东道国的具体情况，提供技术服务支持，并且与国际金融机构合作以改善其宏观经济状况。

第四，考虑采取 O&M（委托运营）等方式进行援助，以此解决新兴国家基础设施运营困难的问题。

第五，发展具有灵活性的供应链和可以支撑其国际物流体系的设备，减轻新冠疫情扩大给供应链带来的不利影响。

（二）发展高环保性的基础设施

第一，充分利用可再生能源和原子能等现有技术，大力推动对氢能等新技术的开发利用，并且在蓄电池、碳循环和海上风能等新技术领域加强国际合作。

第二，为达成“巴黎协定”设定的目标，针对部分发展中国家仍使用高耗能能源利用方式的情况，对这些国家的能源政策进行有效约束，同时帮助其制订长远可行的应对气候变化方案。

第三，加深对发展中国家需求的理解，通过向其提供风力、太阳能、地热等可再生能源利用技术、能源管理技术及氢能等能够降低二氧化碳排放量的技术，推动其向脱碳社会迈进。

第四，通过加强与东道国政府合作，不断完善软件基础设施，并且致力于推进废弃物发电、循环再利用技术及用以解决大气污染、水质污染等问题的基础设施出口。

（三）加快基础设施的数字化转型

第一，日本各省厅和相关机构充分利用政府开发援助（ODA）等提供的资金支持，促进 AI、ICT 等数字技术在基础设施领域的应用。

第二，对数字技术的灵活运用进行有效宣传，对应用数字技术解决社会问题的典型实例进行公示。

第三，探讨数字时代对公共部门的援助方式，包括利用外部资源和分担风险等。

第四，与拥有先进数字技术国家的利益相关者（企业、政府、大学和科研机构等）密切合作，加快人才培养和研究开发，推进数字技术不断革新。

第五，积极参与并主导数据自由流动和数据灵活运用相关的国际规则的制定。

（四）提高日本企业竞争力

第一，在维持日本核心技术和价值的同时，对为准确把握当地市场需要而设立研究开发机构的海外基建业务进行援助。

第二，通过必要的措施推进与东道国企业和第三方企业的合作，以此降低基建成本和强化日企竞争力。

第三，推动日本企业在重要领域的技术创新，对能够促进产业链转型升级和解决社会课题的下一代技术（超 5G、氢、AI、量子技术等）进行重点开发，推动基础设施领域的技术革新（如自动化和远程管理）。

第四，通过企业重组提高技术水平和制造能力，加强本国企业和海外企业的合作。

第五，为确保充足的人才从事海外事业，强化对人才的培育，同时促进国内外的人才流动。

（五）加快构建旨在解决东道国社会问题的政策体系

第一，日本政府应派遣顾问和专家对相关问题进行培训，引入生命周期成本评估指标，并且促进其在东道国得到推广和落实。

第二，进一步推进高质量基础设施的国际化，通过事例和数据展示，并且基于东道国的需求情况与其进行紧密沟通，向其提供“质优价廉”的基础设施。

第三，加强与东道国在制度建设和人才培养等方面的合作，对东道国的软件基础设施（如法律法规等）进行援助，推动各方提出符合东道国需求的问题解决方案。

第四，加快智慧城市的海外扩展，通过灵活运用“社会5.0”加快完善东道国城市发展和社会基础设施建设。

（六）基建扩张要服务于外交战略

第一，通过提供高质量的基础设施系统，提高“印太地区”的连通性，创造有利于日本的国际环境。

第二，为应对新冠疫情冲击，加快完善区域内的自由贸易体制，加强各国之间的国际合作，开发治疗大流行疾病的药物和疫苗，以及完善区域内的供应链。

第三，重视提高东道国的管理水平、经济独立性、开放性及与周边地区的连接性，从硬件和软件两方面灵活地运用政府开发援助及其他公共援助计划。

第四，深化海洋产业合作。

通过以上分析可以看出，日本的海外基建扩张战略已经超出了经济范畴，“新战略 2025”更是野心勃勃，其战略目标归根结底是形成有利于日本的地缘政治经济环境。即使从经济层面考虑，日本的海外基建扩张战略也不仅具有直接的贸易投资利益，而且将对地区分工格局、地区投融资格局及地区规则体系产生深远影响。但是，在实际运作过程中，日本海外基建扩张战略面临多种因素的制约。例如，在生产方面，日本自身技术实力、既有区域分工体系和东道国承接项目的能力都不足以支撑其海外基建扩张战略。在金融方面，日本所能动员的资金不足，东道国的制度环境也不完善，这导致海外基建扩张战略无法满足地区的基建投资需求。总体来看，日本在海外基建过程中过于强调自身利益而忽视了东道国的诉求和发展水平，过于强调政府的战略规划而忽视了市场主体的诉求。因此，日本海外基础设施扩张战略的效果尚有待观察。

参考文献

［1］孙执中．荣衰论——战后日本经济史（1945—2004）［M］．北京：人民出版社，2006．

［2］冯昭奎．日本经济［M］．北京：高等教育出版社，1998．

［3］张季风．日本经济概论［M］．北京：中国社会科学出版社，2009．

［4］（日）都留重人．日本经济奇迹的终结［M］．马成三，译．北京：商务印书馆，1979．

［5］（日）有泽广巳．日本的崛起——昭和经济史［M］．鲍显铭，等译．哈尔滨：黑龙江人民出版社，1987．

［6］左大培，裴小革．世界市场经济概论［M］．北京：中国社会科学出版社，2009．

［7］赵放．日本市场经济制度研究——对后发展国家的启示［M］．长春：吉林大学出版社，2001．

［8］徐梅．日本的规制改革［M］．北京：中国经济出版社，2003．

［9］崔岩．日本经济体制变革研究［M］．沈阳：辽宁大学出版社，2004．

［10］张玉来．日本经济产业解析：改革、创新与演进［M］．

南京：江苏人民出版社，2019.

[11] 白川方明. 动荡时代 [M]. 裴桂芬，尹凤宝，译. 北京：中信出版集团，2021.

[12] 李清如. 日本消费税改革研究 [M]. 北京：社会科学文献出版社，2021.

[13] 金明善. 战后日本产业政策 [M]. 北京：航空工业出版社，1988.

[14] 金明善. 日本现代化研究——日本现代化过程中的经济、政治、文化、社会问题探讨 [M]. 沈阳：辽宁大学出版社，1993.

[15] 薛敬孝，白雪洁. 当代日本产业结构研究 [M]. 天津：天津人民出版社，2002.

[16] 日本科技创新态势分析报告课题组. 日本科技创新态势分析报告 [M]. 北京：科学出版社，2014.

[17] 刘湘丽. 日本的技术创新机制 [M]. 北京：经济管理出版社，2011.

[18] 洪银兴，安同良，孙宁华. 创新经济学 [M]. 南京：江苏人民出版社，2017.

[19]（英）克里斯托弗·弗里曼. 技术政策与经济绩效日本国家创新系统的经验 [M]. 张宇轩，译. 南京：东南大学出版社，2008.

[20]（英）C. 弗里曼，L. 苏特. 工业创新经济学（第 3 版）[M]. 华宏勋，华宏慈，等译. 北京：北京大学出版社，2004.

[21]（美）理查德·R. 纳尔逊. 国家（地区）创新体系比较分析 [M]. 曾国屏，等译. 北京：知识产权出版社，2012.

[22]（丹）B-Å. 伦德瓦尔. 国家创新系统：建构创新和交互

学习的理论［M］．李正风，高璐，等译．北京：知识产权出版社，2016.

［23］陈劲，王焕祥．演化经济学［M］．北京：清华大学出版社，2008.

［24］胡澎．平成日本社会问题解析［M］．北京：社会科学文献出版社，2019.

［25］（日）山田昌弘．少子社会［M］．丁青，译．上海：上海教育出版社，2021.

［26］张季风．少子老龄化社会：中国日本共同应对的路径与未来［M］．北京：社会科学文献出版社，2019.

［27］曾毅．人口分析方法与应用［M］．北京：北京大学出版社，2011.

［28］冯昭奎．日本经济（第二版）［M］．北京：高等教育出版社，2005.

［29］马文秀，王立军，等．日本对外直接投资与国内产业升级研究［M］．北京：人民出版社，2018.

［30］杨伯江，刘瑞．“一带一路”推进过程中的日本因素［M］．北京：中国社会科学出版社，2016.

［31］张云．国际政治中“弱者”的逻辑［M］．北京：社会科学文献出版社，2010.

［32］张伯伟，彭支伟．全球视角下的东亚经济合作研究［M］．天津：南开大学出版社，2014.

［33］赵江林．东亚经济增长模式：转型与前景［M］．北京：社会科学文献出版社，2010.

［34］刘杰．规则之战［M］．北京：中国标准出版社，2012.

[35] 刘春青等. 美国、英国、德国、日本和俄罗斯标准化概论 [M]. 北京：中国质检出版社、中国标准出版社，2012.

[36] 李通屏. 人口增长对经济增长的影响：日本的经验 [J]. 人口研究，2002 (6)：63-68.

[37] 冯昭奎. 日本的人口问题 [J]. 当代亚太，2009 (2)：130-145.

[38] 齐明珠. 人口变化与经济增长：中国与印度的比较研究 [J]. 人口研究，2013，37 (3)：93-101.

[39] 袁富华. 长期增长过程的“结构性加速”与“结构性减速”：一种解释 [J]. 经济研究，2012，47 (3)：127-140.

[40] 梁军. 劳动生产率增速变动与日本经济长期低迷 [J]. 日本学刊，2014，144 (6)：93-109.

[41] 王晓峰，马学礼. 老龄化加速期人口因素对日本经济增长的影响——以人口、经济的双重拐点为视角 [J]. 现代日本经济，2014 (5)：1-12.

[42] 刘伟伟. 青木昌彦比较制度分析视野中的日本政治经济 [J]. 日本研究，2008 (4)：38-42.

[43] 余永定，李薇. 当前日本的财政重建 [J]. 世界经济，1997 (10)：46-51.

[44] 孔凡静. “日本模式”的核心与政府干预 [J]. 日本学刊，2009 (2)：99-110.

[45] 周见. 日本式经营的理念与价值观 [J]. 世界经济，1998 (3)：53-56.

[46] 杨栋梁. 日本近代经济史研究焦点问题论争 [J]. 南开日本研究，2019 (1)：58-69.

[47] 王胜今，董伟. 由美日企业制度比较分析日本经济衰退之根源 [J]. 日本学刊，2001 (6)：63-73.

[48] 左伟. 美德日市场经济模式的比较研究及启示 [J]. 当代经济管理，2014，36 (4)：86-92.

[49] 樊勇明. 日本经济复苏和东亚合作 [J]. 日本学刊，2004 (6)：96-110.

[50] 赵增耀. 日本企业集团的治理特征及其启示 [J]. 江海学刊，2000 (3)：15-23.

[51] 裴桂芬，李潇潇. 日美贸易摩擦与日本结构改革 [J]. 日本问题研究，2019，33 (3)：1-11.

[52] 陈友骏. 论"安倍经济学"的结构性改革 [J]. 日本学刊，2015 (2)：75-92.

[53] 陈友骏."第四次工业革命"与日本经济结构性改革——新理念的产生、引入与效果评估 [J]. 日本学刊，2018 (2)：87-108.

[54] 孙文竹. 当前日本经济安全政策剖析 [J]. 和平与发展，2020 (4)：37-58.

[55] 田中景，池元吉. 日本经济增长的制约因素及其前景 [J]. 世界经济，2000，23 (8)：5.

[56] 张淑英. 日本金融体制的问题及改革 [J]. 世界经济，1998 (7)：7.

[57] 孙震海. 日本的体制变革、产业调整与资本输出 [J]. 世界经济，1996 (6)：3.

[58] 李清如. 消费税改革与日本平成时期经济社会变迁 [J]. 国际税收，2020 (2)：42-51.

[59] 曹洁. 日本的财政结构改革 [J]. 经济论坛，2004 (18)：

119-126.

［60］张季风. 日本财政困境解析［J］. 日本学刊，2016（2）：69-90.

［61］金殿臣. 疫情背景下的日本财政健康度分析：公共风险的穿透［J］. 财政科学，2020（8）：79-92.

［62］蔡金宗. 日本提高消费税税率的影响与思考［J］. 中国财政，2011（18）：72-73.

［63］傅钧文. 日本财政危机的制度性因素分析［J］. 世界经济研究，2000（2）：41-44.

［64］文红星. 日本政府间财政关系的演变及启示［J］. 亚太经济，2011（3）：67-70.

［65］葛敬书，毕凌波，邱晓峰. 日本税制改革新动向及对我国的启示［J］. 国际税收，2021（5）：30-35.

［66］余炳雕，吴宇. 20 世纪 80 年代以来日本税制改革综述［J］. 现代日本经济，2004（1）：15-20.

［67］裴桂芬. 日本金融领域金融监管与竞争监管关系的演变［J］. 日本问题研究，2021，35（4）：11-21.

［68］裴桂芬. 从资金流量表看日本间接金融体制的变化［J］. 国际金融研究，2008（6）：20-26.

［69］王华. 浅析新《日本银行法》下日本银行的独立性［J］. 日本问题研究，1999（2）：29-32.

［70］陈炜恒. 日本金融体制改革简介——《改正日本银行法》的通过［J］. 现代日本经济，1998（2）：33-34.

［71］沈贵进. 日本的新技术革命：动向、特征和影响［J］. 亚太经济，1985（3）：14-18.

[72] 李万，常静，王敏杰，等. 创新 3. 0 与创新生态系统 [J]. 科学学研究，2014，32 (12)：1761-1762.

[73] 田学斌，柳天恩，武星. 雄安新区构建创新生态系统的思考 [J]. 行政管理改革，2017 (7)：17-22.

[74] 刘娟，马学礼. 雄安新区创新驱动发展实现路径研究——创新生态系统视角 [J]. 科技进步与对策，2018，35 (8)：32-37.

[75] 王珍珍，甘雨娇. 创新驱动发展的模式及路径选择：美、德、日的比较与借鉴 [J]. 中国科技论坛，2017，5 (7)：153-160.

[76] 卢娜. 日本国家创新系统评析 [J]. 日本研究，2002 (2)：1-5.

[77] 麦丽臣. 日本政府在国家创新系统中的作用 [J]. 日本研究，2003 (4)：7-13.

[78] 李彬. 日本高科技产品“加拉帕戈斯化”困境解析 [J]. 现代日本经济，2015 (6)：42-52.

[79] 孙正民，王国连. 日本的 e-Japan 战略与引进人才政策 [J]. 国际工程与劳务，2008 (2)：16-19.

[80] 刘兹恒，周佳贵. 日本“U-JAPAN”计划和发展现状 [J]. 大学图书馆学报，2013，31 (3)：38-43.

[81] 谭秀英. 日本加速推进信息技术国家战略 [J]. 当代亚太，2003 (9)：52-58.

[82] 刘小风. 日本 e-Japan 战略实施状况 [J]. 全球科技经济瞭望，2005 (7)：12-17.

[83] 康佳立. 从工业 4. 0 到社会 5. 0——以德日两国相关发展战略的比较为例 [J]. 科技管理研究，2019，39 (4)：19-24.

[84] 马文秀，高周川. 日本制造业数字化转型发展战略 [J].

现代日本经济，2021，40（1）：27-42.

［85］邱红，赵腾腾. 日本生育水平变化分析［J］. 人口学刊，2017，39（5）：94-102.

［86］马学礼，陈志恒. 老龄社会对日本经济增长与刺激政策的影响分析［J］. 现代日本经济，2016（4）：83-94.

［87］马学礼. 安倍经济学政策无效性的人口根源［J］. 河北经贸大学学报，2016，37（1）：27-32.

［88］金京淑，马学礼. 人口老龄化困境中的"安倍经济学"——兼评日本经济增长的前景［J］. 现代日本经济，2015（3）：83-94.

［89］闫玉，马学礼. 生育率下降与婚姻伦理观念的变革［J］. 社会科学战线，2014（2）：178-181.

［90］胡澎. 日本人口少子化的深层社会根源［J］. 人民论坛，2018（21）：112-114.

［91］胡澎. 日本在鼓励生育与促进妇女就业上的政策与措施［J］. 日本学刊，2004（6）：126-140.

［92］梁颖. 日本的少子化原因分析及其对策的衍变［J］. 人口学刊，2014，36（2）：91-103.

［93］王晓峰，全龙杰. 日本少子化对策的演进、体系及政策工具评析［J］. 人口学刊，2020，42（3）：89-101.

［94］丁英顺. 日本应对低生育政策再探讨［J］. 东北亚学刊，2019（2）：133-143.

［95］秦嗣毅. 日本入关后对外贸易政策演变述析［J］. 现代日本经济，2007，（4）：33-37.

［96］裴桂芬，李珊珊. 美国"301 条款"在日本的运用、影响

及启示［J］．日本学刊，2018（4）：85-106．

［97］裴桂芬，王欣颖．疫情背景下东亚区域经济合作及日本政府的政策取向［J］．日本问题研究，2020，34（4）：15-23．

［98］张季风．“新冠冲击”与后疫情时代的日本经济［J］．日本学刊，2021（S1）：165-166．

［99］李清如．新冠疫情下中日双边贸易的特点与趋势［J］．日本问题研究，2021，35（5）：63-71．

［100］赵剑治，欧阳喆．战后日本对外援助的动态演进及其援助战略分析——基于欧美的比较视角［J］．当代亚太，2018（2）：92-125．

［101］王妍．日本对外援助的发展及政策演变［J］．国际经济合作，2014（7）：51-56．

［102］三洪映，杨伯江．平成时代日本对外援助的战略性演进及其特点［J］．太平洋学报，2020，28（5）：53-66．

［103］白云真．21世纪日本对外援助变革及其对中国的启示［J］．教学与研究，2014（7）：55-62．

［104］张博文．日本对东南亚国家的援助：分析与评价［J］．国际经济合作，2014（4）：38-42．

［105］王俊生．中国周边命运共同体构建：概念，内涵，路径［J］．国际关系研究，2016（6）：45-58．

［106］张蕴岭．中国的周边区域观回归与新秩序构建［J］．世界经济与政治，2015（1）：5-25．

［107］刘洪愧．区域贸易协定对增加值贸易关联的影响——基于服务贸易的实证研究［J］．财贸经济，2016（8）：127-143．

［108］欧定余，田野，张磊．疫情冲击背景下的东北亚区域价

值链构建研究［J］. 东北亚论坛，2020，29（6）：69-71.

［109］徐梅. 新冠疫情对中日经贸关系的影响与合作契机［J］. 东北亚学刊，2020（4）：115-118.

［110］王厚双，王柏. 后安倍时代中日经贸合作的走势［J］. 现代日本经济，2021，40（1）：15-21.

［111］陈友骏. 日本亚太区域经济合作战略研究［J］. 日本学刊，2017（2）：82-101.

［112］杨伯江，高承昊. 从金融危机到新冠肺炎疫情：大变局下日本对外战略走向［J］. 当代世界，2020（9）：17-24.

［113］贺平. 后安倍时代的日本经济外交［J］. 日本学刊，2020（5）：13-15.

［114］谢梓飞. 经济安保：日本国家安全战略新取向［J］. 世界知识，2020（10）：26-27.

［115］马学礼，李苏. 疫情冲击下东亚区域经济合作深度转型与中日经贸合作［J］. 日本问题研究，2021，35（2）：31-40.

［116］孟晓旭. 日本调整高质量基础设施合作伙伴关系战略及对“一带一路”倡议的影响［J］. 东北亚学刊，2021（5）：33-44.

［117］马学礼，刘娟. 日本基础设施海外输出战略及其与“一带一路”对接研究［J］. 日本问题研究，2019，33（2）：72-80.

［118］刘华英. 从ODA看日本与亚洲经济的互补性［J］. 现代日本经济，2002（4）：11-13.

［119］崔健. 日韩“环境城市”出口模式比较［J］. 环境保护，2012（15）：71-74.

［120］邓洲. 技术标准导入与战略性新兴产业发展［J］. 经济管理，2014，36（7）：19-30.

［121］徐强. 基础设施项目建营一体化全球态势与中国策略［J］. 国际经济合作，2015（10）：15-20.

［122］Teece D J，Pisano G，Schuen A. Dynamic Capabilities and Strategic Management［J］. Strategic Management Journal，1997，18（5）：509-533.

［123］刘伟岩. 战后科技革命推动日本产业升级研究［D］. 吉林大学，2020.

［124］李丹琳. 日本科技创新研究［D］. 吉林大学，2017.

［125］刘广献. 日本税制改革及其经济效应研究［D］. 河北大学，2014.

［126］马学礼. 婚姻对生育率水平变动的影响分析［D］. 吉林大学，2013.

［127］刘华伟. 老龄化背景下中日韩家庭养老研究［D］. 吉林大学，2017.

［128］仝龙杰. 日本少子化问题研究［D］. 吉林大学，2020.

［129］逯洋. 官方发展援助对受援国经济增长的影响研究——以日本对东南亚五国的援助为例［D］. 河北大学，2020.

［130］韩晶晶. 二战后日本对东南亚政府开发援助研究［D］. 华中师范大学，2014.

［131］马学礼. 东亚经济合作中的区域公共产品供给研究［D］. 吉林大学，2016.

［132］日本内閣府.『第6期科学技術・イノベーション基本計画』［R/OL］.（2021-03-26）［2021-12-01］https://www8.cao.go.jp/cstp/kihonkeikaku/index6.html.

［133］日本経済産業省.『2020年版ものづくり白書』［R/

OL]. (2020-06-09) [2020-11-06] https://www.meti.go.jp/report/whitepaper/mono/2020/honbun_pdf/pdf/all.pdf.

[134] 日本経済産業省. 『通商白書 2014』[R/OL]. (2014-07-17) [2020-11-06]. https://www.meti.go.jp/report/tsuhaku2014/2014honbun_p/index.html.

[135] 片平智之. 新型コロナウイルス対応を契機とした製造業のICT活用・業務改善施策[R/OL]. (2020-06-12) [2020-11-06] https://www.murc.jp/wp-content/uploads/2020/06/cr_200612.pdf.

[136] 一般社団法人 日本情報システム・ユーザー協会. デジタル化の進展に対する意識調査[R/OL]. (2017-03-08) [2017-11-06]. https://juas.or.jp/cms/media/2017/03/digitalization2017.pdf.

[137] 日本経済産業省. DXレポート—ITシステム「2025年の崖」の克服とDXの本格的な[R/OL]. (2018-09-07) [2020-11-06]. https://www.meti.go.jp/shingikai/mono_info_service/digital_transformation/20180907_report.html.

[138] 日本独立行政法人情報処理推進機構. IT人材白書2020[R/OL]. (2020-06-09) [2020-11-06]. https://www.ipa.go.jp/files/000085256.pdf.

[139] 日本数学会社会連携協議会. 平成30年度「数学・数理科学分野の 博士後期課程修了者の進路調査アンケート」調査結果[DB/OL]. (2019-05-08) [2020-11-06]. https://mathsoc.jp/publication/tushin/2403/kaiho243-shinro-h30.pdf

[140] 日本経済産業省製造産業局. 製造業を巡る動向と今後の課題[R/OL]. (2020-06-09) [2020-11-06]. https://www.meti.go.jp/shingikai/sankoshin/seizo_sangyo/pdf/008_02_00.pdf.

后　　记

笔者最早接触日本经济是在2008年，在书店里非常偶然地看到了冯昭奎先生编著的《日本经济（第二版）》，该书最吸引笔者的地方是以日本为实例对一般经济知识的介绍，这种写法既普及了日本经济知识，又普及了经济学基础理论，读来兴趣盎然。2011年，笔者进入吉林大学东北亚研究院人口研究所攻读人口学专业硕士学位，很多老师都有日本留学或工作经历，课堂上经常提到日本严重的人口老龄化问题，这让笔者产生了研究日本人口与经济发展之间关系的想法，为此阅读了大量的日本经济史著作，特别是金明善、余炳雕、孙执中等老一辈学者的著作。2013年，笔者进入吉林大学东北亚研究院世界经济研究所攻读世界经济专业博士学位，日本经济研究是世界经济研究所的特色之一；此后，笔者算是正式开始了对日本经济的学术探索。读博期间，笔者尝试着将人口学理论与日本经济现实相结合进行研究，由于人口因素对经济的影响是方方面面的，为此需要对日本经济的各个领域都有所了解，在学习过程中，张季风研究员主编的《日本经济概论》一直是笔者的案头工具书。2016年，笔者进入河北大学经济学院日本研究所工作，多次有幸参加了日本研究领域的学术会议，接触了本领域的众多优秀学者，每次会议都受益匪浅。从这个意义上讲，本教材是笔者对以往学习和研究的阶段性总结，也为今后更好地从事日本经济研究做准备。

河北大学经济学院日本研究所的吴宇教授、尹凤宝博士和河北大学法学院的刘娟博士主动参与教材撰写，燕山大学的刘伟岩博士、河北金融学院的李巧莎研究员、吉林工商学院的李丹琳博士、国家信息中心的张晓兰副研究员、吉林大学的刘华伟博士和赵腾腾博士、南开大学的逯洋博士也热心参与本教材的撰写。国内外学者对日本经济已经进行了全方位的研究，相关文献数量很多，涉及面非常广泛，内容十分丰富，本书在编写过程中引用了大量优秀研究成果，编者对此都予以注明；当然，由于编者精力所限，也难免有挂一漏万、列举不详之处，敬请理解或告知。本书在编写过程中使用的数据尽量保持最新，阐述的事件和政策尽量保持最新，从而尽可能地把日本经济的最新动态展示给读者；当然，由于世界经济处于急速变动中，日本经济也在快速的发展变化，特别是一些新近出台的政策，其执行效果还有待进一步观察，笔者随时愿意根据实际进展修正本书中的观点。

最后谈一点个人研究心得。笔者认为，未来日本经济的最大问题是人口问题，也就是少子老龄化问题。唯物史观认为，人口再生产与物质资料再生产是相互联系、相互影响和相互作用的，从战后日本经济发展历程中可以清晰地看出人口变动对日本经济发展的影响。当然，人口属于经济的“慢变量”，只有累积到一定程度后才会产生重大影响。如果将日本经济比喻为一栋房子，那么资本、劳动力、技术、资源和制度等因素就是“四梁八柱”，少子老龄化意味着劳动力这根柱子在不断倾斜，即使其他柱子再高大结实，房子的建筑高度和坚固程度也会受到严重影响；更何况日本经济的其他方面也将越来越多地受到人口问题的负面影响，如社会保障支出增加带来的财政压力和代际不公平问题、老年人创新能力下降带来的技术进步迟缓、消费减少带来的需求结构变化等。我国也面临着较为严峻的人口老龄化问题，日本在应对少子老龄化方面有成功的经验也有失败的教训，这对我国有很强的借鉴和警示意义。

马学礼

2021 年 12 月 30 日